盛山 隆雄 編著
加固希支男・松瀬 仁・山本大貴
志の算数教育研究会 著

めあて&振り返りで見る算数授業のつくり方

はじめに

　1時間の授業の中で，めあてを子どもに伝え，それが達成できたかどうか，または何を学習したかを振り返るというパターンの授業づくりがあります。

　この考え方は，全国学力・状況調査の質問紙調査にも表れています。児童への質問に，次のような問いがあります。

> 　5年生までに受けた授業で扱うノートには，学習の目標（めあて・ねらい）とまとめを書いていたと思いますか

　この質問について，「当てはまる」または「どちらかといえば，当てはまる」と答えた児童は，88.6％（平成29年度）にのぼります。このことから，日本のほとんどの小学校でめあてやまとめを板書する授業が行われていることがわかります。

　振り返りについても，次のような質問があります。

> 　5年生までに受けた授業の最後に学習内容を振り返る活動をよく行っていたと思いますか

　この質問についても，「当てはまる」または「どちらかといえば，当てはまる」と答えた児童は，76.2％（平成29年度）にのぼりました。

　質問紙にこのような設問をつくるということは，文部科学省の考えとして，授業のめあてを確認し，授業の最後に振り返りをすることを推奨していると解釈できます。

　しかし，教室現場では，「めあてとは何か」「振り返りとは何か」という問いや，「なぜめあてを書くのか」「なぜ振り返りをしなければならないのか」という問いに対する議論が不十分と感じます。そういったことを理解しないで形ばかり真似しても，子どもたちにその意義が伝わることはありません。

　例えば，めあて1つとってみても，それを教師が決めるのか，子どもが決めるのかで大きく異なります。教師が決める場合，子どもは問題もめあても

与えられることになります。よく「問題発見を大切に」と言いますが，与えられる授業が続けば，発見どころではないでしょう。

では，子どもの言葉を用いてめあてをつくる授業はあり得るのでしょうか。そう考えたとき，「めあてとは何か」という問いに行き着きます。めあてを「子どもの問い」や「子どもの困り」とした場合，子どもの言葉でめあてをつくる具体的なイメージをもつことができます。

文章題を出したときに，立式で困った子どもがクラスに半分いた。または，式が多様につくられ，どの式がよいかわからない。そんな状況をとらえて，「どんな式になるのかな？」というめあてができます。

または，ほとんどの子どもたちが式をつくることができた。ところが，答えを導く方法がわからずに困っている。そこで，「どうやって計算すればよいのかな？」というめあてがつくられます。

こう考えると，めあては子どもとの対話の中で引き出せるものと言えます。

改めて，めあてや振り返りの意味や意義を吟味する必要がある。そう考えていたときに，明治図書の矢口氏から月刊誌『授業力＆学級経営力』への連載を依頼されました。算数授業のめあてと振り返りについての連載です。これを機に勉強しようということで，志の算数教育研究会で受けることにしました。その連載を進めながら会として学べたことに心から感謝しています。

連載を進めている最中にデンマークに出かけて授業を拝見する機会がありました。そのときも，めあてや振り返りが意識されるのかという視点で見ましたが，意識されることはありませんでした。調べたところ，欧米の算数・数学の授業でめあてや振り返りが意識されることはほとんどないようです。そのことがわかったとき，改めて次の問いが生まれました。「なぜ，日本の授業では，めあてを書くのか，振り返りをするのか」

このたび，連載を大幅増補する形で１冊の本にまとめる機会をいただきましたが，まとめてみても，まだめあてや振り返りについての明確な答えを得たわけではありません。我々はこれからも，めあてや振り返りについての問いを忘れることなく実践していきたいと考えています。

2019年1月 　　　　　　　　　　　　　　　　　　　　盛山　隆雄

もくじ
Contents

はじめに

第1章
めあてと振り返りのあり方を考える

めあてとは何か ……………………………………………………… 008
振り返りとは何か …………………………………………………… 011

第2章
めあてと振り返りで見る
算数授業のつくり方

1年　たし算
0のたし算は書かないといけないの？ ……………………………… 014

1年　たし算
なんのためにさくらんぼで分けるのかな？ ……………………… 020

1年　ひき算
減った残りを求めるのは何算？ …………………………………… 026

2年　長さをしらべよう
どちらがどれだけ長いかな？ ……………………………………… 032

2年　ひき算のひっ算
答えが一番小さくなる筆算をつくろう！……………………………………… 038

2年　三角形と四角形
三角形ってどんな図形？……………………………………………………… 044

2年　長さ
どこが一番近いかな？………………………………………………………… 050

3年　わり算
わり算になることを線分図を使って説明しよう！………………………… 056

3年　1万より大きい数
10倍の10倍はいくつ？………………………………………………………… 062

3年　あまりのあるわり算
あまりはどうする？…………………………………………………………… 068

4年　四角形を調べよう
いろいろな図形を見つけよう！……………………………………………… 074

4年　割合
どのお店が一番値上がりしたのかな？……………………………………… 080

4年　直方体と立方体
どうしたら，緑のピースの位置が伝えられるかな？……………………… 086

5年　小数のかけ算
80×2.3ってどういうこと？……………………………………………092

5年　図形の角
□角形の内角の和はどうやって求めるの？……………………………098

5年　整数の性質
どのグループに入る数かな？……………………………………………104

5年　四角形と三角形の面積
面積の一番大きな図形はどれかな？……………………………………110

5年　表や式を使って
対角線の本数を求めよう！………………………………………………116

6年　比と比の値
おいしい味噌汁と同じ味はどれかな？…………………………………122

6年　拡大図と縮図
長方形の旗はどうやって拡大する？……………………………………128

6年　並べ方と組み合わせ方
暗証番号は何種類？………………………………………………………134

第1章
めあてと振り返りの あり方を考える

筑波大学附属小学校　盛山　隆雄

めあてとは何か

　ここ数年，めあてとは何か，振り返りとは何かを考えながら，授業をしたり，授業を参観したりしてきました。

　まず，めあてについて考えてきたことを述べます。
　今や日本全国どこの教室に行っても，めあてを確認すること，振り返りをすることが定着してきたように思います。
　大きな理由の1つは，「はじめに」でも紹介したように，全国学力・学習状況調査の質問紙調査において，次のようなことを尋ねているからだと思われます。

> 　5年生までに受けた授業で扱うノートには，学習の目標（めあて・ねらい）とまとめを書いていたと思いますか。

　この質問について，「当てはまる」または「どちらかといえば，当てはまる」と答えた児童は，88.6%（平成29年度）にのぼります。このことから，日本のほとんどの小学校で，めあてやまとめを板書する授業が行われているということがわかります。
　このように問われることを知った教師は，意識せざるを得ません。校内研などの授業研究会では，めあてを書いたかどうか，めあてが適切であったかどうかがよい授業の条件のように語られます。

　では，なぜめあてを確認する必要があるのでしょうか。
　この10年，JICAの仕事を引き受けたり，筑波大学附属小学校算数部として海外に出かけて授業研究会を行ったりしてきました。アメリカ，チリ，イギリス，デンマーク，スイス，スウェーデン，シンガポール，フィンランド，

タイ，韓国，ウガンダ，ホンジュラス…。どこに行ってもめあてや振り返りを意識して授業をする国はありませんでした。

　筑波大学の数学教育学の先生で，世界的に活躍されている清水美憲先生に尋ねても，「めあてや振り返りを行っているのは日本だけだろう」と答えられました。おそらくこの特殊な状況を知る小学校教師は，そうはいないと思います。

　こうなると，「なぜ日本だけ？」という問いが生まれます。
　戦後日本は，アメリカの教育の影響を受け，問題解決の授業を導入しました。スタートは社会科の授業でしたが，次第に他の教科にも伝わり，問題解決の授業が主流になっていきました。
　問題解決の授業は，基本的に1つの問題を子どもに考えさせ，それらの考えを発表・検討し，練り上げていきます。そして，なんらかのまとめを得るというスタイルです。日常生活から問題を見つけたり，日常生活に知見を生かしたりすることまで考えます。
　私が諸外国で見た授業は，代表的な問題の解決方法を教え，後は類題で演習するという授業です。もちろん，近年はICT機器を使用した授業や対話的な授業が行われつつあり，変化してきています。
　問題解決の授業は，子どもの話を聞き，子どもの思いや考えを編むようにして組み立てます。そのような教師の編集作業が必要になるわけです。
　ただ，それには職人としての腕が必要です。多くの子どもを相手にする中で，一人ひとりの思考に寄り添った授業を展開するのは簡単ではありません。やはり授業研究で培った技術，そして教材や子どもの見方を身につけていくことが重要になります。

　私も若いころによく経験したことですが，なんとか子どもの言葉を聞いて授業を展開しようとすると，話が解決の筋道から外れていってしまうことがあります。子どもは，そんなことは関係なしに懸命に自分の思いや考えを話

すので，聞いてやらなければなりません。そのうち，「今，何をみんなで考えようとしているのか」「今の話題がいったい何に関係するのか」といったことがわからなくなります。まさに，「這い回る授業」です。子ども中心の問題解決の授業を追究すると，だれしも経験することではないでしょうか。

　私は，めあての確認は，このような状況に対する問題意識から生まれてきたのではないかと考えています。

　さらに，全国学力・学習状況調査が始まったころによく話題になっていたことですが，算数・数学教育の問題点の1つとして，「なんのために算数・数学を学ぶのかを理解しない児童生徒が多い」ということがあります。そのために日常生活との関連を意識した活用問題が重視された経緯もあります。

　その問題意識が授業にも影響を与え，一つひとつの授業でなんのためにこの問題を解決するのか，つまりめあてを子どもに意識させようという発想が生まれてきたのです。

　私が教師になった25年前には話題にのぼることがなかっためあては，このような理由から，一気に全国的な広がりを見せ，教室現場の授業を変えました。

　この現象を前向きにとらえれば，日本の問題解決の授業が進化してきたと言えるのではないかと思います。

　例えば，筑波大学附属小学校算数部の先輩である田中博史先生は，「めあては1つとは限らず，小刻みに変化する」と主張しました。1つの授業の中で子どもの思考に寄り添うと，授業場面によってみんなで明らかにしようとする目標は変化する。問題を理解する，見通しをもつ，友だちの考えを理解する，よりよい解決の仕方…，その都度，その場面でのめあてを教師が意識して授業展開をすることが大切である，ということです。

　めあてについて議論を深め，研究することは，問題解決の授業を成長させ

ることになります。そういった意味では，日本の算数授業は，成熟期を迎えているのかもしれません。

振り返りとは何か

　振り返りとは，立ち止まって，今まで歩んできた道を見直すことです。その時間に学んだ軌跡全体を見ることで，学びを統合することや，大切なことを抽出することを目的としています。

　しかし，もう少し広くとらえると，解決の仕方をよりよくしたり，解決した問題を発展させて新たな問題をつくったりすることも，解法や元の問題を振り返ることですから，振り返りの1つとして考えることもできます。

　このようなとらえから，問題解決の後に振り返って行うことを，次の①〜⑧に整理しました。実際の授業では，子どもたちが①〜⑧のことを考えたくなるように授業を展開したいところです。また，子どもが①〜⑧のことを考えたときには，価値づけてやることが大切です。

①確かめる。多面的にとらえ直す。批判的に考察する。
②知識を整理する。
③元の（日常の）事象に戻して考察する。
④よりよい解決方法を考える。（洗練）
⑤よりよい表現方法を考える。（相手意識）
⑥（他の考えや既習と）統合する。
⑦発展させる。
⑧活用する。
⑨①〜⑧の考えから，新しい課題を見いだす。

①については，答えを出した後にそのままにしないで確かめることが大切であることを言っています。その際，他の方法で確かめることをすれば，多面的にとらえ直すことになります。高学年になれば，その答えを批判的に考察し，さらによりよい方法を考えたりします。確かめることの段階があるためにこのような記述をしたことをお伝えしておきます。

　第2章では，様々な授業事例を通して，子どもの問いからめあてに至る授業展開の工夫や，授業のまとめを意味あるものにするための振り返りの工夫を紹介しています。また，それらをとらえた実際の授業の板書と子どものノートも紹介しています。
　めあてと振り返りは，注目されはじめたばかりです。「これ」という正解がない現状では，様々な取組が求められ，それらを基に現場の教師一人ひとりが自分の頭で考え，正しいと考えることを実践することが重要だと言えると思います。

第2章
めあてと振り返りで見る
算数授業のつくり方

0のたし算は
書かないといけないの？

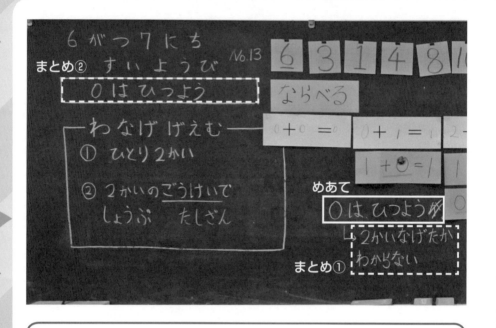

問題　わなげゲームをしましょう。
　　　（ルール）①1人につき2回投げます。
　　　　　　　②2回の合計で勝負します。

　2回の合計ということは，たし算を使えばできるね。
　入らなかったときは，「0」を書いた方がいいのかな？

めあて　0はひつよう？

1年 たし算

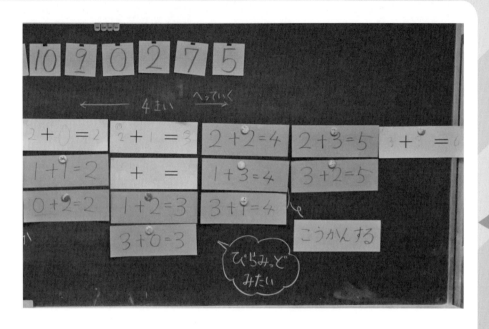

🗣️ どうして，0を書く必要があると思ったのかな？

> まとめ①　2回投げたかどうかがわからないから。

🗣️ 今日の学習で，他の場面にも使える大切なことは，どんなことかな？

> まとめ②　0も式に書く必要がある。

めあてづくり

輪投げが入らなかった場面から，式に「0」の表記が必要かを考えさせる。

🧑 これから輪投げゲーム（右写真参照）として，1人2回投げてもらいます。2回の合計で勝負しますよ。

🧑 合計ということはたし算の式で表せるね。

投げ終わった後，各自，自分の座席に戻り，ノートにたし算の式を書いてもらった。輪投げには，「1」「2」「3」の表記しかなく，それ以外の場所には，何も表記がないため，外してしまった子から，「0は式に書いた方がいいの？」という問いが生まれてくる。このような子どもたちの声を拾い，本時のめあてとしていく。その後，「0」は書いた方がいいと思う人の意見と，書かない方がいいと思う人の意見を聞いてみることが大切である。

振り返り

🧑 0を書かなくてもいい人は，どうしてそう思うのかな？
👧 だって，0は何もないという意味だから，書いても仕方ないから。
👧 0に何をたしても，ある数に0をたしても，答えは変わらないから。
🧑 どうして，0を書く必要があると思ったのかな？
👧 だって，書かないと，2回投げたかわからないから。

> **まとめにつながる振り返り発問①**
> どうして，0を書く必要があると思ったのかな？

大切なことは，自分の意見をもたせることである。そして，これまでの学習から，0の意味を振り返って考える子や，式の意味について考える子の意見を聞き，考えさせる。この場合，0を書いていないと，1回も投げていなかったり，1回しか投げていなかったりすると思われてしまうことから，0点も1つの得点であり，表記の必要があることを押さえる。

> **まとめにつながる振り返り発問②**
> 　今日の学習で，他の場面にも使える大切なことは，どんなことかな？

　輪投げゲームの楽しさや，勝負に勝ったうれしさを学習感想として書かせるのではなく，「他の場面でも使える大切なことは何か」を問い，それをまとめとすることで，「数学的な見方・考え方」を豊かにしていく。

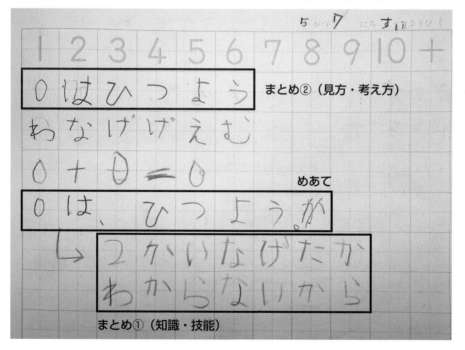

学習展開

子どもの学習活動	教師の指導・支援
問題 わなげゲームをしましょう。 　（ルール）①1人につき2回投げます。 　　　　　　②2回の合計で勝負します。	
C　おもしろそう。 C　たし算で求めればいいね。 T　どうしてたし算が使えそうだと思ったの？ C　だって，合計だから2つを合わせればいい。 　（輪投げに取り組ませる） T　では，終わった子から，結果を式として，ノートに書いてください。 C　1と3に入ったから，1+3=4になる。 C　あれっ，ぼくは0を書いた方がいいのかな？ T　どういうことかな？ C　1回目は「3」に入ったけど，2回目は外れてしまったから，「3+0=3」と書くべきか「3」だけでいいかわからない。 C　ぼくも，同じことで悩んでいる。 T　なるほど。では，どちらがよさそうかを考えてみましょう。 C　ぼくは，書かなくてもいいと思う。だって，0は何もないっていう意味だから。 C　それに，0に何をたしても，答えは変わらな	・輪投げを，教室の前と後ろに1台ずつ用意する。 ・得点表記は，1，2，3のみ。 ・子どもの悩みを取り上げることで，全体としてのめあてにしていく。 ・まずは，どちらがよさそうかを一人ひとり考えさせる。

	いから。	
T	反対に，書くと思う人は，どうしてそう思うのかな？	
C	書かないと，2回投げたかわからないから。	
T	どちらの意見も聞いてみて，0は書いた方がよさそうですか？	
C	書かないと，投げてないかもしれないし，1回しか投げてないかもしれないと思われてしまうから，書いた方がいい。	
T	この0は，0点という意味があるということですね。	
	（ノートに書いた式を発表してもらう）	・短冊を用意しておき，結果をバラバラにして貼ることで，「並べる」ことのよさに気づかせる。
C	わかりやすいように，並べ替えてほしい。	
T	どのように並べたいのかな？	
C	2回の合計が低い順に並べる。	
	（短冊を並べ替えてもらう）	
C	並べ替えたら，まだ「2＋3＝5」とかは出てないことがわかるね。	
C	枚数が増えていき，また減っていくね。	
C	すべての結果を並べると，ピラミッドみたいになるね。	
T	今日の学習で，他の場面にも使える大切なことは，どんなことかな？	・本時の振り返りとして，大切なことを授業のタイトルとしてまとめる。
C	2回投げたかがわかりやすくなるから，0も式に書く必要がある。	

なんのためにさくらんぼで分けるのかな？

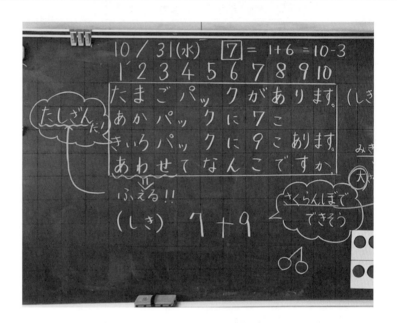

問題　たまごパックがあります。
　　　あかパックには7こ，きいろパックには9こあります。
　　　あわせてなんこですか。

 式は7＋9だね。
どうやって計算すればいいかな？

めあて　7＋9のけいさんのしかたは？

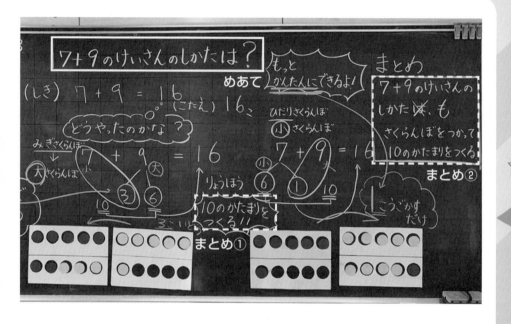

🧑 なんのためにさくらんぼで分けるのかな？

まとめ①　10のかたまりをつくるためにさくらんぼで分ける。

🧑 7＋9の計算の仕方は？

まとめ②　7＋9の計算も，さくらんぼを使って10のかたまりをつくる。

めあてづくり

　問題を提示したあと，立式とその根拠，また計算の仕方について考えさせる。

- 簡単だよ。
- 合わせて増えるからたし算だね。
- 式は7＋9だね。
- どうやって計算すればいいかな？
- 今までと同じようにさくらんぼが使えそうだよ。

　既習から，繰り上がりのあるたし算はさくらんぼ図を使って行えば解けそうだという考えをもつ子どもが何人かいる。しかしながら，その有用性を理解している子どもは多くはない。
　そこで，なんのためにさくらんぼ図を使って計算するかを確認することが大切になる。

- 9を3と6に分けて…。
- なんで3と6なの？　他の分け方じゃダメなの？
- 3と6じゃないと，10のかたまりができないからダメだよ。

振り返り

> **まとめにつながる振り返り発問①**
> なんのためにさくらんぼで分けるのかな？

　既習事項で獲得した「知識・技能」の振り返りに焦点を当てた発問である。明確化することで本時のまとめにもつなげやすくなる。

> **まとめにつながる振り返り発問②**
> 　7＋9の計算の仕方は？

　本時のめあてである言葉をそのまま発問することで,「数学的な見方・考え方」の振り返りに焦点を当てた発問である。
　子どもの考えから, 10のかたまりをつくって計算することで, 正確に計算できることを押さえる。
　また被加数分解も, 既習である加数分解と同様に10のかたまりをつくることを目的とした方法という見方ができるようにする。

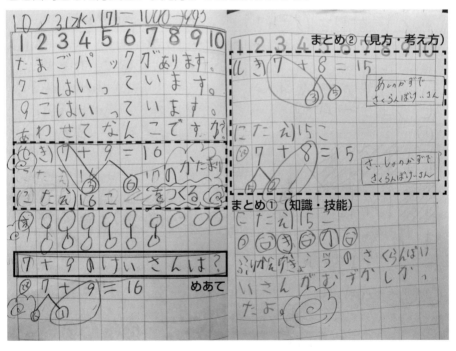

学習展開

子どもの学習活動	教師の指導・支援
T　卵料理で何が好きかな。 C　オムライスとか卵焼きが好き。 T　卵料理が好きなのでたくさん買っています。	・子どもの実生活に即しながら，問題を提示する。

> 問題　たまごパックがあります。
> 　　　あかパックには7こ，きいろパックには9こあります。
> 　　　あわせてなんこですか。
>
>

子どもの学習活動	教師の指導・支援
C　簡単だよ。合わせて増えるからたし算だね。 C　式は7＋9だね。 T　どうやって計算すればいいかな？ C　また，さくらんぼ計算じゃないかな。 C　こうやったよ。 C　えっ，違うよ。もっと簡単な方法があるよ。 T　ちょっと待って。今言ってくれたことを，だれか実際にやってくれないかな。 C　黄色の9個の方から3個移動するから…。 T　なんのためにさくらんぼで分けたり，3個移動したりしたのかな？ C　パックをいっぱいにするため。 C　10のかたまりをつくるため。 T　なんで10のかたまりをつくるのかな？	・立式の根拠について問う。 ・模造の卵パックを見せながら（両方を一度に見せると数えたす考えを助長するので）片方ずつ，数を教える。 ・さくらんぼの式を実際の操作と関連づけることで，片方の卵パックを満たし10のかたまりになることに気づかせる（動作化の際，被加数分解の操作を行う子どももいる）。 ・前時までと同様に，10のかたまりをつくると計算しやすいことを押さえる。

C 数えやすいから。 T 移動して10のかたまりをつくれば，確かに計算しやすいね。 C 似てるけど，もっと簡単な方法がある。 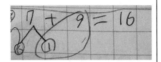 T えっ，そんなことしていいの？ 今までと違うところがないかな？ C さくらんぼの位置が違ってる。 T 似ているところはどこかな？ C 10のかたまりをつくるところ。 T 実際にやってみようか。  C すぐにできるよ。 C 1個移動しただけだから早いね。 C こっちの方が早いね。でも，さくらんぼがこっちでいいのかな。 T なんのためにさくらんぼで分けるんだっけ？ C 10のかたまりをつくるためだから，どっちでもいいんだ。 C 10に近い方は分けない方がいいよ。 C 小さい数をさくらんぼにすればいいね。 T 7＋9の計算の仕方は？ C さくらんぼで10のかたまりをつくる。 C さくらんぼは，どっちでもいい。簡単なのは，小さい数をさくらんぼで分けて大きい数とセットで10のかたまりをつくる。 T 今までと同じように10のかたまりをつくってあげれば正確に計算できますね。	・前時の流れから，加数分解の考えを先に取り上げる。被加数分解の考えは，10のかたまりをつくっていることを十分に共有できてから扱う。 ・2つの方法の違いだけでなく共通点を考えることで，10のかたまりをつくるよさに気づかせる。 ・加数分解と被加数分解の2つの方法を比べる際に，式だけでなく実際に図や半具体物を用いる。 ・再度，さくらんぼ計算をする理由を問い返し，説明することで10のかたまりをつくっていることを押さえる。 ・どちらがいいか話し合うというよりは，どちらも10のかたまりをつくっているという共通のよさを子どもから引き出すようにする。

減った残りを求めるのは何算？

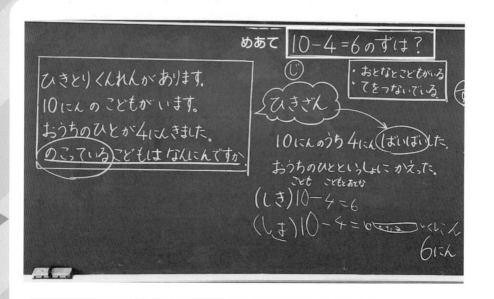

問題　ひきとりくんれんがあります。
　　　10にんのこどもがいます。
　　　おうちのひとが4にんきました。
　　　のこっているこどもはなんにんですか。

- ひき算だよ。10－4＝6だ。
- 本当にひき算かな…？

めあて　10－4＝6のずは？

1年　ひき算

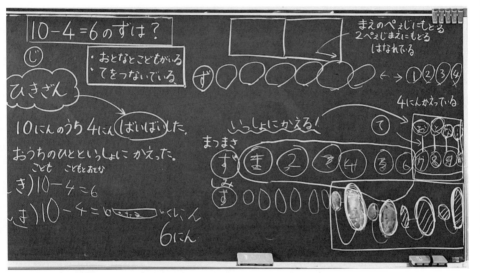

🗣 大人と子どもが手をつないで帰って行った残りを求めるんだね。減った残りを求めるのは？

> **まとめ①**　減った残りを求めるのは，ひき算になる。

🗣 今日の学習から，どんなことが言えますか？

> **まとめ②**　残りを求めるのは，やっぱりひき算になる。
> 「子ども－大人」じゃなくて「子ども－子ども」だった。

めあてづくり

問題を提示し，どんな計算になるか，またその説明となる図を考えさせる。

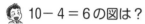 10－4＝6の図は？
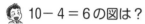 「ばいばいの図」だよ。

　最初は，前時と同様に10個の○を並べて，4つ○を消したり，×印をつけたりしている子どもが多い。そこで，式に戻り，10－4の意味を考えさせた。10は子どもの人数，4は大人の人数ということが問題文からわかる。知りたいのは，残りの子どもの人数であることを確認し，「最初の子どもの人数－大人の人数」をすると，残りの子どもの人数になるのかを問うと，なんだか変だという声が聞こえる。

 4は大人と子どものことじゃない。
 それだと8人にならないかな？
 帰った子どものことだよ。

　この言葉をきっかけに，大人と手をつなぐように図をかく子どもも現れた。問題文の4は，大人と一緒に帰った子どもの人数であることを共有できた。

振り返り

まとめにつながる振り返り発問①
　大人と子どもが手をつないで帰っていった残りを求めるんだね。減った残りを求めるのは？

本時で新しく獲得した知識・技能の振り返りに焦点を当てた発問で，これまでのひき算と同様，減った残りを求めるのはひき算であることを確認した。

> **まとめにつながる振り返り発問②**
> 　今日の学習から，どんなことが言えますか？

　本時で出た考えの振り返りに焦点を当てた発問である。これまでは，問題文通りに立式していたが，大人の人数を大人と帰った子どもの人数ととらえ直すことで，「最初の子どもの人数－帰った子どもの人数＝残りの子どもの人数」と見方・考え方を広げていく。

学習展開

子どもの学習活動	教師の指導・支援
T 引き取り訓練をしたのを覚えていますか？ C おうちの人と一緒に帰ったよ。 T 迎えに来てもらって一緒に帰りましたね。	・体験を振り返りながら，問題を提示する。

> **問題** ひきとりくんれんがあります。
> 10にんのこどもがいます。
> おうちのひとが4にんきました。
> のこっているこどもはなんにんですか。

子どもの学習活動	教師の指導・支援
C わかった，ひき算だよ。 C 残っている子どもの数だから，10－4だね。 T この10は何？ C 子どもの数。4は大人の数。 C えっ，違うよ。大人と子どもだよ。 T 「子ども－大人」で何が求められるの？ C 残っている子どもの人数がわかる。 T 子どもの人数を知りたいのに，大人の人数が出てきちゃっていいの？ 10－4＝6の図がかける？ C （図） 10人いたけど，おうちの人と一緒に帰るから4人ばいばいした。	・立式の根拠について問う。 ・言葉の式をつくりながら，式の意味を考える。 ・残りの子どもの人数を求めるための式が，「子どもの人数－大人の人数」でよいか考える。 ・前時までの問題に近い図から提示し，図の中に子どもと大人が混在していることを明確にする。

C	（黒板の図）	・問題文，図の4の意味を考える。
C	えっ，なんでこんなに人がいるの？	・4を大人だけとせずに，大人と子どもに分けていたり，子どもととらえることができている図を取り上げ，共有する。
C	あっ，わかった。大人と子どもじゃない。	
C	じゃ，手をつないだ方がいいよ。	
T	大人と子どもが手をつないで帰った残りを求めるんだね。減った残りを求めるのは？	
C	ひき算！	
C	似てるけど少し違う図をかいたよ。	
C	大人と子どもがすぐわかる。	
T	問題にぴったりの図ですね。じゃ，式に戻ってみるよ。式は変わるかな？	・問題文にぴったり合う図のよさを価値づける。
C	変えないでいいよ。	
T	10は子どもの数でいいよね。4は何？	
C	大人の数もだけど，帰った子どもの数。	
T	「最初の子どもの人数－帰った子どもの人数」でしたね。だから残りの子どもの数が求められますね。	
T	問題には，帰った子どもの数はなかったけど，図をかいたおかげでわかりましたね。	・既習を踏まえ，減った残りを求める計算がひき算であることを押さえる。
T	今日の学習から，どんなことが言えますか？	
C	残りを求めるのは，やっぱりひき算になる。	・ひき算は同じ種類のもの同士で計算することを押さえる。
C	「子ども－大人」じゃなく「子ども－子ども」だった。	

どちらがどれだけ長いかな？

問題　赤い線と青い線
　　　どちらがどれだけ長いかな？
　　　（赤い線…10cm，青い線…9mm）

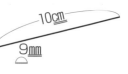

- cmとmmが混ざっているからどうしよう。
- 10cm－9mm＝1？　おかしいな。

めあて　どうやってけい算したらいい？

**2年
長さを
しらべよう**

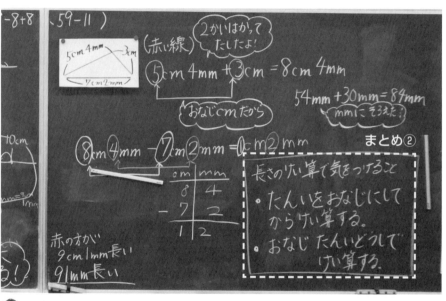

🧒 cmとmm,単位が違う長さの計算はどうしたらいいかな？

```
まとめ①　どっちもmmにそろえる。
　　　　　おなじたんいにする。
```

🧒 長さの計算では，どんなことに気をつければいいですか？

```
まとめ②　・たんいをおなじにしてからけい算する。
　　　　　・おなじたんいどうしでけい算する。
```

めあてづくり

　長さが違う赤い線と青い線を提示する。①の問題は、赤5㎝、青4㎝の線で、両方とも同じ単位の長さである。

🧒 赤い線と青い線，どちらがどれだけ長いかな？
🧒 ものさしで測ってみればわかる。
🧒 赤い線が5㎝，青い線が4㎝だから，
　　5㎝－4㎝＝1㎝

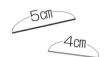

　次に、②の問題を提示する。赤い線の長さは10㎝，青い線の長さは9㎜である。①の問題のように単位が同じではないので、10－9＝1とそのままの数値を使って計算することはおかしいことを子どもたちと確認する。

　実際の授業では「㎝と㎜と混ざっているから…」「単位が違う」という子どもたちのつぶやきを拾い、「どうやって計算したらいい？」とめあてを立てた。

🧒 ㎝と㎜と混ざっているからどうしよう。
🧒 単位が違うと計算できないのかな？
🧒 では，単位が違う長さの計算はどうしたらよいか
　 考えてみましょう。

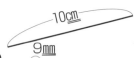

振り返り

> **まとめにつながる振り返り発問①**
> 　㎝と㎜，単位が違う長さの計算はどうしたらいいかな？

　これまでは、同じ単位同士の計算しか扱ってこなかった。ここでは、違う

単位のときにどうしたら計算ができるのか振り返らせ，同じ単位にすれば計算できることをまとめる。

> **まとめにつながる振り返り発問②**
> 長さの計算では，どんなことに気をつければいいですか？

　本時で大切にしたい「数学的な見方・考え方」の振り返りに焦点を当てた発問である。
　長さにおいて同じ単位同士では加減計算ができるということ，つまり，長さに加法性があることを学び，「単位の考え」を広げていく。

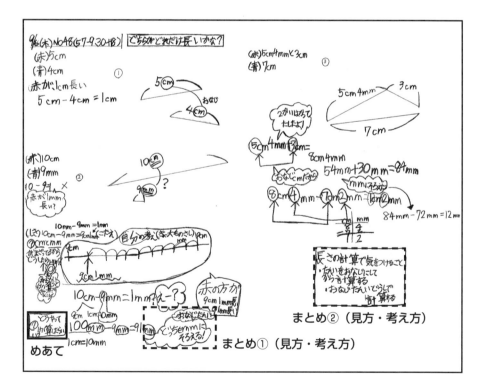

学習展開

子どもの学習活動	教師の指導・支援
問題　赤い線と青い線　どちらがどれだけ長いかな？	
T　赤い線と青い線では，どちらがどれだけ長いかな？ C　長さを測ってみればわかるよ。 C　赤い線は5cm，青い線は4cmだった。 C　5cm－4cm＝1cmです。	・①の問題を提示する。 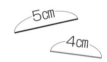 ・単位に着目させるため，名数をつけて立式させる。
T　2つめの問題はどうかな？ C　赤い線は10cm，青い線は9mmです。 C　10cm－9mm＝1？　おかしいな。 C　cmとmmが混ざっているからどうしよう。 T　どうやって計算すればいいのかな？ C　10cmを9cmと1cmに分けます。 　　1cm＝10mmだから， 　　10mm－9mm＝1mm　9cm＋1mm＝9cm1mm 　　赤い線が9cm1mm長い。 C　赤い線も青い線もmmにそろえます。 　　100mm－9mm＝91mm T　単位が違う長さの計算では，どうしたら計算することができますか？ C　どっちもmmにそろえる。 C　同じ単位にする。	・②の問題を提示する。 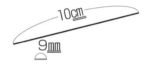 ・単位の違いについてや，①の問題との違いなどの子どものつぶやきを取り上げ，めあてをつくる。

T 最後に3つめの問題です。 赤い線と青い線，どちらがどれだけ長いかな？ C ㎝と㎜，両方使っている。 T 赤い線の長さはどれだけになるでしょう？ C 赤い線を2回測ってたせばいい。 C 5㎝4㎜＋3㎝ T 3㎝はどの数とたしますか？ C 同じ単位同士をたさないとだめだから，5㎝とたします。 C 5＋3＝8。赤い線の長さは8㎝4㎜。 C 青い線の長さは7㎝2㎜です。だから，式は， 8㎝4㎜－7㎝2㎜ C ㎝同士，㎜同士をひき算するから， 8㎝－7㎝＝1㎝ 4㎜－2㎜＝2㎜ だから，赤い線の方が1㎝2㎜長い。 C 私は㎜に直して計算しました。 84㎜－72㎜＝12㎜ 赤い線の方が12㎜長い。 T 3つの問題を振り返って，長さの計算ではどんなことに気をつければいいですか？ C 単位を同じにしてから計算する。 C 同じ単位同士で計算する。	・③の問題を提示する。 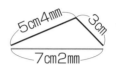 ・2本の線の長さをたせば赤い線の長さが求められることを確認する。 ・複名数表現の加減計算では，同じ単位同士で計算することを押さえる。 ・単位をそろえて計算したり，同じ単位同士で計算したりしたことを振り返り，「単位の考え」が広がっていることを意識させる。

答えが一番小さくなる筆算をつくろう！

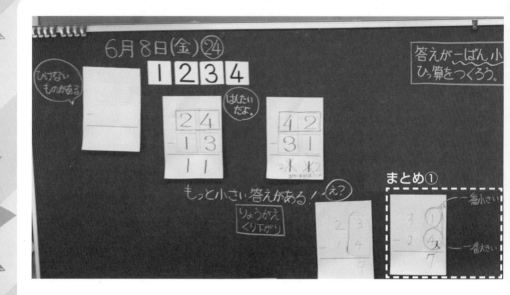

問題　答えが一番小さくなるひっ算をつくろう。

- ② ④－① ③＝11です。
- 反対の　④ ②－③ ①＝11もあるよ。
- 十の位と一の位の違いをなるべく小さくすればいいんだね。
- 待って，もっと小さい答えがあるよ！

めあて　答えが一番小さくなる筆算はどのようにつくるの？

2年 ひき算のひっ算

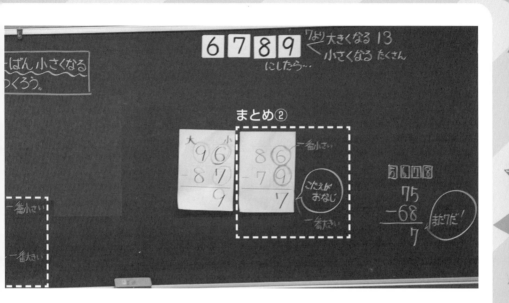

🧑 どうやって一番小さい答えをつくったの？

> **まとめ①** 一の位に一番小さいカードと一番大きいカードを置いて，繰り下がりをつくる。

🧑 6, 7, 8, 9にしたらどうなるかな？

> **まとめ②** 86－79＝7（まとめ①を活用できているか）

めあてづくり

　問題文を提示し，子どもから出るつぶやき（「同じ数字カードは2回使ってよいのか？」「ひき算だからひけないものもあるよ」など）でルールを確認したら，すぐに自力解決に入る。自力解決はあまり長くとらず，ほとんどの子が繰り下がりにまだ気づいていない状況で，全体での話し合いに移る。

🧑 答えが一番小さくなる筆算は見つかったかな？
👧 ②④−①③=11だよ。
👦 だったら，④②−③①=11もあるよ。さっきの反対だね。
🧑 なんで11が一番小さい答えだと言えるの？
👦 だって，4−3（=1），2−1（=1）以外だと，1よりも大きくなって22とかになっちゃうもん。
🧑 なるほど。じゃあ11が最も小さい答えなんだよね。

　ここで自力解決の段階で繰り下がりに気づいている子が反論してくるはずである。そのズレをめあてとして設定した。

👦 (11より) もっと小さい答えがあるよ。
👧 えーっ，本当に？
🧑 さっき11が答えになる完璧な説明をしてくれたのに，11より小さい答えができるの？　答えが一番小さくなる筆算はどのようにつくるの？

振り返り

> **まとめにつながる振り返り発問①**
> 　どうやって一番小さい答えをつくったの？

この授業で大切なのは答えではなく，繰り下がりの発想と繰り下がりがある計算の中でも一の位に注目し，その差を最大にするよう配置するという考え方である。答えではなく，どのように解決したのか（過程）やどこに目をつけてきたのか（着眼点）を問うための発問である。

まとめにつながる振り返り発問②
　6，7，8，9にしたらどうなるのかな？

　似た問題を提示し，まとめ①の見方・考え方が身についているかを評価する。最初は闇雲に考えていた子が，繰り下がりや一の位に注目できるようになっていれば，1時間での成長を実感させることにもなる（さらに他の場合でも調べたくなるように答えがまた7になるというしかけもある）。

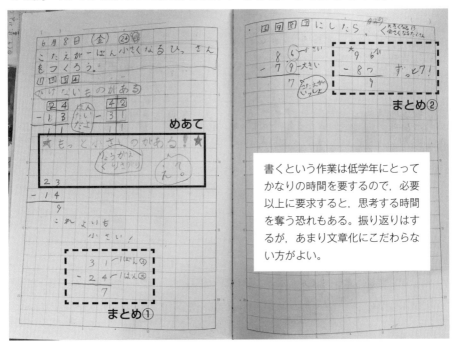

書くという作業は低学年にとってかなりの時間を要するので，必要以上に要求すると，思考する時間を奪う恐れもある。振り返りはするが，あまり文章化にこだわらない方がよい。

学習展開

子どもの学習活動	教師の指導・支援
問題　①，②，③，④の数カードをつかって，答えが一番小さくなるひっ算をつくろう。　□□－□□	
C　ひけないものもあるよ。	・ルールを確認した後，自力解決に。あまり時間を長くとらない。
T　答えが一番小さくなる筆算は見つかったかな？ C　24－13＝11だよ。 C　だったら，42－31＝11もあるよ。さっきと反対。 T　なんで11が一番小さい答えだと言えるの？ C　だって，4－3，2－1以外の組み合わせにすると，1よりも大きくなって22とかになっちゃうもん。 T　じゃあ，11が最も小さい答えなんだよね。 C　(11より) もっと小さい答えがあるよ。 C　えーっ，本当に？ T　11が答えになる完璧な説明をしてくれたのに，11より小さい答えができるの？　答えが一番小さくなる筆算はどのようにつくるの？（め	・取り上げていく順番には気をつける。 ・反対の意味を説明させることで，位取りの理解を深める。 ・答えを11と考えた子が多いと思われるので，その気持ちをみんなで共有する。ここを丁寧に扱うことが繰り下がりの発想を印象づけることにもなる。

あて）	
T 何かヒントを伝えることができる？	・「繰り下がり」の発想を徐々に広めていく。
C 繰り下がり。	
C あっ，41－32＝9だ！	
C もっと小さいのもあるよ。31－24＝7	
T どうやって一番小さい答えをつくったの？	・なんとなく7ができた子と入れ方を意識しながら考えた子がいる。なぜできたかを共有し，次の問題に活用できるようにしていく。
C 一の位に一番小さい1と一番大きい4を置いて，繰り下がりをつくりました（まとめ①）。	
T じゃあ，6，7，8，9にしたら答えはどうなりそうかな？	
C カードの数が大きくなったから，答えも大きくなるんじゃない？	
C いや，小さくなると思うよ。	
C 96－87＝9。やっぱり大きくなるんだ。	・適用問題でまとめ①を理解しているのか評価する。
C ダメだよ。さっき，一の位に一番大きい数と一番小さい数を繰り下がりができるように置くって言ってたでしょ（まとめ①）。	
C じゃあ，86－79＝7だ（まとめ②）。	
C あれ？　また答えが7だ。	・答えがまた7になることに不思議さを感じ，さらに別の数で確かめようとする子がいたら価値づける。
T 偶然でしょ。	
C いや，5～8でも75－68＝7で7になる。	
C 入れ方も正しいから合ってるよ。また7だ！	

三角形ってどんな図形？

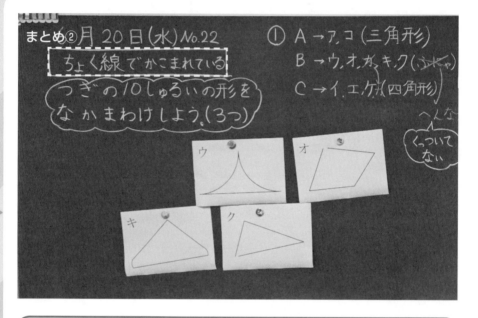

問題　10種類の形を3つのグループに仲間分けしよう。

🧒 三角形と四角形とそれ以外で分けたよ。
🧒 三角形のグループだったら，ウも仲間に入るよ。

めあて　ウは，三角形なの？

**2年
三角形と
四角形**

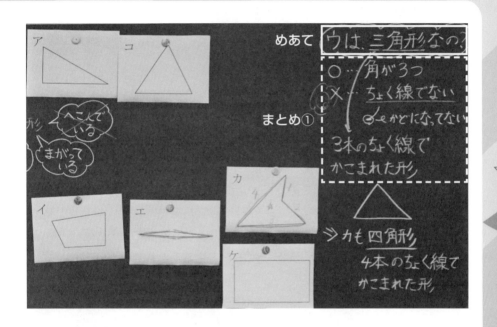

🧑 前の時間に,三角形はどんな図形とまとめたかな？

> まとめ①　3本の直線で囲まれた形

🧑 三角形,四角形を考えるときに最も大切なことは何かな？

> まとめ②　直線で囲まれた形であるかどうか。

めあてづくり

仲間分けを考える活動から，曖昧な形について議論をする場面を設ける。

- 👦 右の10種類の形を，各自3つのグループに分けてみましょう。
- 👦 ぼくは，この3つに分けたよ。
  （三角形）ア，コ　（四角形）イ，エ，ケ
  （それ以外）ウ，オ，カ，キ，ク
- 👧 三角形のグループなら，ウも仲間に入るよ。

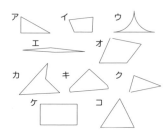

　前時に，三角形と四角形の言葉の定義については学習している。また，図形も三角形・四角形っぽいものが多いため，大半の子が，この3つのグループ分けをし始める。しかし，グループ分けは同じでも，中に入れた形が同じとは限らない。曖昧な形を入れておくことにより，子どもたちから「ウは三角形に含まれるのか」という問いが生まれ，めあてとして共有していくことになる。

振り返り

- 👦 ウが三角形に含まれるという人は，どうしてそう思うのかな？
- 👦 だって，角が3つあるから。
- 👦 三角形に含まれないと思う人は，どうしてかな？
- 👧 直線で囲まれていないから。

> **まとめにつながる振り返り発問①**
> 　前の時間に，三角形はどんな図形とまとめたかな？

三角形は「3つの角がある形」ととらえている子も多い。漢字だけを見て判断しているのだろう。そこで，三角形の定義は「3本の直線で囲まれた形」であることを再度押さえることが重要である。この確認ができれば，「カ」の図形も，大半の子が「それ以外」のグループから，「4本の直線で囲まれた形」なので「四角形」のグループに入ると判断できた。

> **まとめにつながる振り返り発問②**
> 三角形・四角形を考えるときに，最も大切なことは何かな？

　本時の学習の中で，最も重要な考え方を，授業のタイトルとして，各自ノートに書いてもらう。子どもたちから「前の時間と同じだ」という声も聞こえてきたが，大切なことは繰り返し指導していくことで，身につけさせたい。

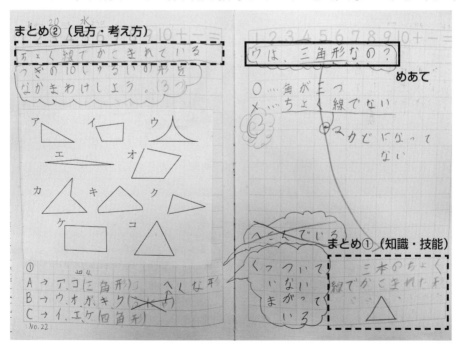

学習展開

子どもの学習活動	教師の指導・支援
問題　10種類の形を3つのグループに仲間分けしよう。　ア　イ　ウ　エ　オ　カ　キ　ク　ケ　コ	
C　前回，授業でやったことを基にすれば簡単だね。 （自力解決の時間をとる） T　どのようなグループ分けをしたか発表してください。 C　ぼくは，(ア，コ)(ウ，オ，カ，キ，ク)(イ，エ，ケ)の3つに分けました。 T　○○くんが，どんなグループに分けたか考えてみましょう。 C　(ア，コ)が三角形，(イ，エ，ケ)が四角形，(ウ，オ，カ，キ，ク)がそれ以外だと思います。 C　はい，そうです。 C　えっ，でも，三角形のグループだったら，ウの形も入るはずだよ。 T　ウで意見が分かれるみたいですね。では，三	・児童用のプリントを配付し，各自考えさせる。 ・どんな観点でグループ分けしているかを，発表してもらった子以外に考えてもらう。 ・子どもの悩みを取り上げることで，全体としてのめあてにしていく。 ・まずは，三角形に含まれるか

	角形に含まれるかどうか考えてみましょう。	どうかの意見をもたせる。
C	ぼくは，三角形に含まれると思う。だって，角が3つあるから。	
T	反対に，三角形に含まれないと思う人は，どうしてかな？	
C	だって，直線で囲まれていないから。	
T	前の時間に，三角形はどんな形だとまとめたかを振り返ってみましょう。	
C	三角形は，3本の直線で囲まれた形。	
C	だったら，ウの図形は，3本の直線に囲まれていないから，三角形には含まれないね。	
T	同じように考えたら，三角形のグループに入る形は，他にありませんか？	
C	三角形はもうないけど，四角形ももう一度考えてみようよ。	
C	四角形は，4本の直線に囲まれた形だね。	
C	だったら，カの図形は，「それ以外」のグループに入っていていいのかな…？	
C	たしかに。4本の直線で囲まれていると考えれば，これも四角形に含むことができそうだね。	
T	三角形，四角形を考えるときに最も大切なことは何かな？	・本時の振り返りとして，大切なことを授業のタイトルとしてまとめる。
C	直線で囲まれた形であるかどうか。	

どこが一番近いかな？

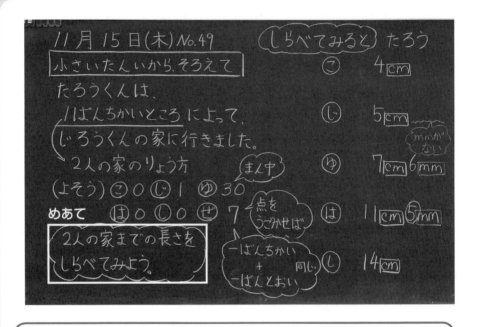

問題　たろうくんは，一番近いところに寄ってから，じろうくんの家に行きました。
　　　一番近いところは，どこでしょうか。

- 真ん中だから，遊園地だと思う。
- どの場所に寄っても同じではないかな。

めあて　2人の家までの長さを調べてみよう。

**2年
長さ**

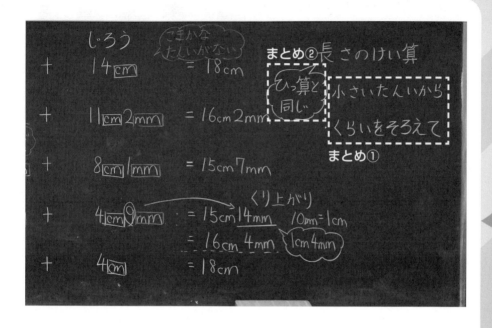

🗣 長さの計算で大切なことはなんですか？

> まとめ①　小さい単位から，位をそろえて計算する。

🗣 これまでの計算と比べて，違いはありますか？

> まとめ②　（小さい位から位をそろえて計算するのは）筆算と同じ。

めあてづくり

2人の家からの長さを調べ，それぞれの長さをたす場面を設ける。

👦 たろうくんは，じろうくんの家に行く前に，公園，神社，遊園地，博物館，お城の中から，一番近いところに寄って行くことにしました。

👦 一番近いってどちらの家から？
👧 どちらの家からも近い場所です。
👧 だったら，真ん中の遊園地ではないかな。
👧 どの場所に寄っても同じかもしれない。
👧 それぞれの長さを調べて，たし算すればわかるね。

　なんのために計算するのかという目的意識をもたせることが大切である。2人の家から一番近い場所を見つけるためには，それぞれの家からの長さを調べて，たし算しなければならない。また，調べる前に予想させてみることで，自分の予想と比べてどのような結果になるかも，計算する目的になる。

振り返り

👧 どの場所から計算するのが簡単そうですか？
👧 公園とお城は，cmしかないから，すぐに答えがわかる。
👧 博物館は，繰り上がりがあるから大変そうだ。

> まとめにつながる振り返り発問①
> 　長さの計算で大切なことはなんですか？

答えを出して終わりにするのではなく，どのような計算をしたのかを振り返ることが大切である。cmやmmの単位をそろえてたすことや，繰り上がりの計算を考えるとmmなどの小さい単位からたすことを押さえておくことで，他の場面においても同様の計算の仕方を使える子どもに育てていく。

> **まとめにつながる振り返り発問②**
> これまでの計算と比べて，違いはありますか？

　単位をそろえることは，位をそろえることと同じであり，小さい単位から計算することは，下の位から計算することと同じである。これまでの2位数＋2位数などの筆算の仕方と比べて，共通点を考えることで，統合的な考え方を養いたい。

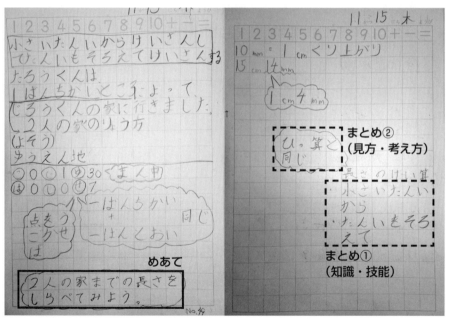

第2章　めあてと振り返りで見る　算数授業のつくり方　053

学習展開

子どもの学習活動	教師の指導・支援

> **問題** たろうくんは，一番近いところに寄ってから，じろうくんの家に行きました。
> 一番近いところは，どこでしょうか。

C 一番近いとは，どちらの家からですか？ T どちらの家からにも近いところです。どこが近いか予想してみましょう。 C 真ん中の遊園地が近いと思う。 C 例えば，公園はたろうくんの家に一番近く，じろうくんの家から一番遠いし，どの場所も同じではないかな。 C それぞれの長さを調べて，たし算すればわかるね。 　（プリントの長さを調べてみる） T では，調べた結果を教えてください。 C 公園は，4cm＋14cmです。 C 神社は，5cm＋11cm2mmです。 C 遊園地は，7cm6mm＋8cm1mmです。 C 博物館は，11cm5mm＋4cm9mmです。 C お城は，14cm＋4cmです。 T どの場所の計算が簡単そうですか？ C 公園とお城。だって，cmしかないから。	・アニメーションとして，たろうくんの動きを見せる。 ・予想とその理由を尋ねることで，調べる目的をもたせる。 ・プリントを配付する。

C　それに，数字が反対になっているから，どちらかを出せば，もう1つもわかるよ。	
C　4cm＋14cm＝18cmになった。	
C　次は，片方にしかmmがないから，神社かな。	
C　5cm＋11cm2mm＝16cm2mmです。	
C　単位を見間違えないようにしないとね。	・単位に注目できるように，cmとmmを別な色で囲む。
C　遊園地と博物館は，どちらもcmもmmもあるから大変そうだね。	
C　でも博物館の方が，繰り上がりがあるから大変だよ。	
C　どちらも繰り上がりがあるよ。	
C　遊園地は，cmの繰り上がりだけど，博物館はmmの繰り上がりだから，違うよ。	
C　mmは繰り上がって，10mm集まると1cmになるから大変。	
C　確かにそうだね。	
C　遊園地は，単位をそろえてたすと， 　　7cm6mm＋8cm1mm＝15cm7mmです。	
C　博物館は，11cm5mm＋4cm9mm＝15cm14mmだけど，14mmは1cm4mmだから，16cm4mmになりました。	
T　長さのたし算の仕方を振り返って，大切なことはなんですか？	
C　小さな単位から，位をそろえて計算する。	
T　今までの計算と比べると違いはありますか？	・これまでの計算と比べることで，「見方・考え方」を全体で共有する。
C　位をそろえることや，小さな位から計算することは，筆算の仕方とほとんど同じだ。	

わり算になることを線分図を使って説明しよう！

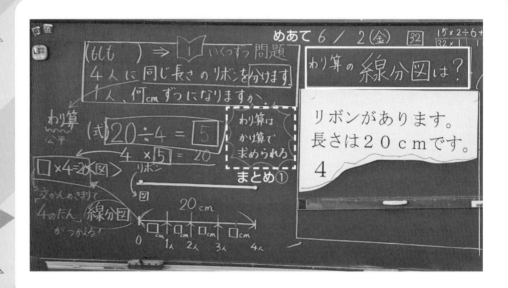

問題　「リボンがあります。長さは20㎝です。
　　　4…　　　　　　　　　　　　　」
　　　どんな問題だったのかな？

- たぶん、「4人に同じ長さずつ分けると1人分は何㎝ですか」だ。
- どんな計算になるのかな？
- 線分図をかけばわかるよ。

めあて　わり算の線分図は？

**3年
わり算**

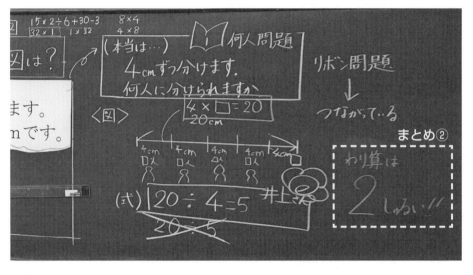

🗣 わり算の答えを求めるにはどうすればいいかな？

まとめ①　わり算はかけ算で求められる

🗣 今日の学習から、どんなことが言えますか？

まとめ②　わり算（の線分図）は2種類

めあてづくり

- 😀 （途中で切れている問題を提示し）どんな問題だったのかな？
- 😀 たぶん，「4人に同じ長さずつ分けると1人分は何㎝ですか」だ。「いくつずつ」問題だ。
- 😀 「何人」問題もつくれるよ。
- 😀 すごい，問題ができちゃったね。「いくつずつ問題」は解けそう？
- 😀 わり算ってことはわかる。
- 😀 だって，同じ長さずつ分けるから。
- 😀 たぶん，20÷4だと思う。
- 😀 本当に？　わり算になるのをだれにでもわかるように説明できる？
- 😀 図をかけばいい。
- 😀 今までかいてきた図を覚えていますか？
- 😀 テープ図とか。線分図もかいたよ。
- 😀 今日の問題も表せるかな？　わり算の線分図は？

　問題文にある言葉だけを頼りにわり算となる説明をするのではなく，今までのわり算の問題で用いたテープ図や線分図を基にしながら立式の根拠の説明を考えさせたい。
　線分図を基に，等分除と包含除の違いを視覚的にも明らかにしていく。

振り返り

> **まとめにつながる振り返り発問①**
> わり算の答えを求めるにはどうすればいいかな？

　前時までの「知識・技能」の振り返りに焦点を当てた発問である。
ただわり算の商がかけ算で求められるという知識にとどめるのではなく，

等分除と包含除の違いを明確にするためにも、線分図を基にかけ算の式を考えさせる。

> **まとめにつながる振り返り発問②**
> 今日の学習から、どんなことが言えますか？

　本時で出た考えを統合的に見て、「数学的な見方・考え方」の振り返りに焦点を当てた発問である。
　本時で考えた２つの問題の線分図を比較して、同じ式でも答えを求めるかけ算の式は異なることに気づかせる。
　わり算が２種類あることを線分図を通して押さえていく。

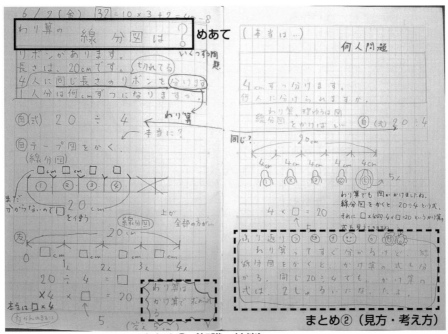

まとめ①（知識・技能）　　まとめ②（見方・考え方）

学習展開

子どもの学習活動	教師の指導・支援
問題　リボンがあります。長さは20cmです。4…	・問題を巻物のように丸めて1行ずつ見せる。
C　問題が途中で終わっちゃっているよ。 T　破れてしまって先が読めませんね。どんな問題だったのかな？ C　たぶん、「4人に同じ長さずつ分けると1人分は何cmですか」だ。「いくつずつ」問題だ。 C　「何人」問題もつくれるよ。 T　すごい、問題ができちゃったね。「いくつずつ問題」は解けそう？ C　わり算ってことはわかる。 C　だって、同じ長さずつ分けるから。 C　たぶん、20÷4だと思う。 T　本当に？　わり算になるのをだれにでもわかるように説明できる？ C　図をかけばいい。 T　今までかいてきた図を覚えていますか？ C　テープ図とか。線分図もかいたよ。 T　今日の問題も表せるかな？　わり算の線分図は？　ノートを見て、線分図にいつも使われているものってあるかな？ C　どの線分図も、□があるよ。 T　じゃ、線分図をかいてみようか。わり算の答えを求めるにはどうすればいいかな？ C　かけ算だ。4×□＝20 C　違うよ。□×4＝20だよ。 C　どっちでもいいよ。 T　さっきかいた線分図が役に立たないかな？ C　□cmが4つ分だから□×4＝20だ。 C　でも答えを求めるときには、交換のきまりを	・もしも、包含除の問題が出てきたら、そちらから扱ってもよい。 両方出てきた場合は、問題を板書しておく。 ・前時までに等分除と包含除の問題を子どもの実態に合った言葉にしておく。 ・作問する際に、前時までのノートを振り返っていたらその姿勢をほめる。 ・テープ図や線分図を想起できるよう前時までのノートを振り返っている姿勢があればほめ、模範とする。 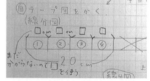 ・等分除の場合の商を求める式がかけ算になることを押さえる。 ・かいた線分図を基にかけ算の式を確認する。また、交換法則を用いて商を求めることを押さえる。

使って4×□だったよ。だから□は5（cm）だね。	
T そうでしたね。では，最初の問題づくりに戻ってみると，「何人」問題もできるかな？	
C わかった。「4cmずつ分けると何人に分けられますか」	
T この問題はどんな計算かな？	
C わり算です。線分図をかいて説明できます。	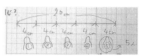
T さっきと同じように線分図がかけるかな？	
C あれ，さっきと違うところがあるぞ。	
C 本当だ，□の位置が違うな。	・等分除と包含除の線分図を比べて同じところや違うところを全体で共有する。
T 今度は何を□としたのですか？	
C さっきは長さで，今度は人数です。	
C だから，式はさっきと同じ20÷4だね。	
T ということは，かけ算の式もさっきと同じになりそうですね。	・線分図を基にかけ算の式を確認する。
C 今回は違うよ。4×□＝20です。	
C 線分図を使って説明できるよ。	
C 4cmずつのリボンが□人分あって20cmだから，4×□＝20になります。	
T 線分図を正しくかければ，式だけではなく，答えを求めるかけ算の式もわかりやすいですね。	・線分図をかいたことで，見方・考え方が広がっていることを意識させる。
T 今日の学習からどんなことが言えますか？	
C わり算には，「いくつずつ」問題と，「何人」問題の2種類がある。	
C わり算の式は同じでも，線分図は2種類ある。	
C 線分図をかくと，かけ算の式もわかりやすい。	
T 線分図をかくにはどうすればよかった？	・線分図を正確にかくための注意点に触れる。
C 「いくつずつ」問題か，「何人」問題かを確認する。	
C 線分図をかいたときにわかったんだけど，最初の「いくつずつ」問題は，線分図をかくときに等分しにくかったけど，「何人」問題は，等分しやすくて，線分図がかきやすかった。	

10倍の10倍はいくつ？

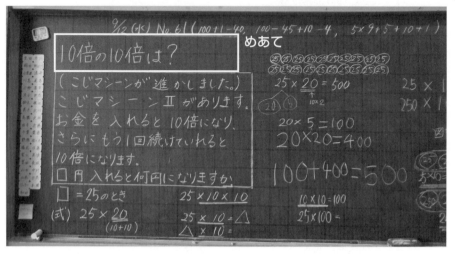

（前時に10倍になるマシーンの問題を学習）

問題 マシーンが進化しました。
お金を入れると10倍になり，さらにもう1回続けて入れると10倍になります。
□円入れると何円になりますか。

- 10倍の10倍は20倍。
- 10倍の10倍は100倍。

めあて　10倍の10倍は？

3年
1万より大きい数

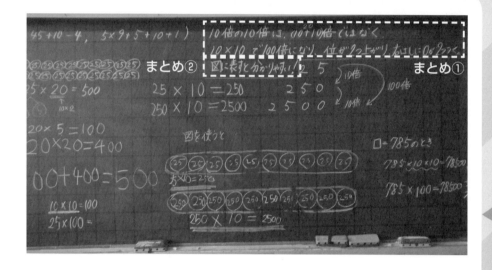

🧒 10倍の10倍は何倍？

> **まとめ①** 10倍の10倍は20（10＋10）倍ではなく，10×10で100倍になり，位が2つ上がり，右はしに0が2つつく。

🧒 わかりやすかったのはどの説明？

> **まとめ②** 図に表すとわかりやすい！

めあてづくり

式の違いから，10倍の10倍は20倍か100倍かを考える。

🙂 マシーンに25円入れるとすると，どんな式になりそうですか？
🙂 25×20
🙂 25×10×10
🙂 25×10＝△　△×10
🙂 10×10＝100　25×100
🙂 25×20の20はどうやって出したの？
🙂 10倍と10倍をたし算した。10＋10で20倍。
🙂 10倍の10倍は10＋10で20倍？　10×10で100倍？

　授業では，問題を出した後に式だけを発表させ，10倍の10倍を10＋10で20倍と考えている子と10×10で100倍と考えている子がいることを確認した。そのうえで，10倍の10倍はたし算なのかひき算なのか，『10倍の10倍は？』をめあてとして展開した。

振り返り

> **まとめにつながる振り返り発問①**
> 　10倍の10倍はどっちの図？　25×20の20は10倍の10倍？

　それぞれの式を計算したり，図に表したりした後，比較して振り返るための発問である。図を基に10倍の10倍はどういうことかを考えることを通して，25×20と表した図は10倍の10倍かを考える。10のまとまりが2個で，10倍の2倍になっていることを子どもに気づかせることをねらった発問である。

> まとめにつながる振り返り発問②
> わかりやすかったのはどの説明？

　１時間の学習を振り返り，課題を解決するために大事だった考え方はどういったことかを子どもたちが意識できるようにした発問である。式にしたことを計算するだけでなく，図に表すことで，10倍の10倍になっているのはどちらかを比較しながら考えた。

　知識・理解のみのまとめにならないよう，次の学習にも使える考えを確認して，１時間の学びを振り返り，学習感想を自分の言葉でまとめていく。

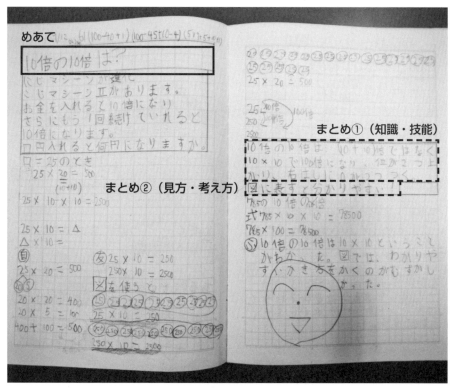

第２章　めあてと振り返りで見る　算数授業のつくり方　065

学習展開

子どもの学習活動	教師の指導・支援

問題 マシーンが進化しました。
　　　お金を入れると10倍になり，さらにもう1回続けて入れると10倍になります。
　　　□円入れると何円になりますか。

C　10倍の10倍ってこと？ T　どんな式になりそうですか？ C　何円入れるかわからないとわからない。 T　何円入れるか決めましょう。25円入れるとどんな式になりますか？ C　25×20 C　25×10×10 C　25×10＝△　　△×10 C　10×10＝100　25×100 T　25×20の20はどうやって出したの？ C　10倍と10倍をたし算した。10＋10 T　（板書の）右側の式の人たちはどうしたの？ C　10倍の10倍は10×10。かけ算した。 T　10倍の10倍は10＋10で20倍？　10×10で100倍？ C　25を20と5に分けて， 　　20×5＝100　20×20＝400 　　100＋400＝500　答えは500円	・前時では10倍だったことを確認し，今日は10倍になったものをさらに10倍することを確認する。 ・まず式を確認することで，今日の課題である10倍の10倍は10＋10の20倍なのか10×10の100倍なのかを明確にする。

C　25×10＝250 　　さらに10倍だから，250×10＝2500 T　答えがすごく違うね。10倍の10倍はどっちだろう？ C　図を使ってみると， 　　㉕㉕㉕㉕㉕㉕㉕㉕㉕㉕ 　　25を10倍して，25×10＝250 T　25を何個をかいた？　何倍になったの？ C　10個。10倍。 T　この続き，どうかくと思う。続きかける人？ C　250 250 250 250 250 　　250 250 250 250 250 T　これを表す式は？ C　250×10＝2500 T　25×20を図で表すとどうなる？ C　㉕が20個。 T　10倍の10倍はどっちの図？　25×20の20は10倍の10倍？ C　10が2個。10倍の2倍になる。 C　10倍の10倍は100倍。 T　位はどうなった？ C　2つ上がって，右に0が2つついた。 T　わかりやすかったのは，どの説明？ C　図に表すとわかりやすい！ T　□円が785円のとき，10倍の10倍は？ C　785×10×10＝78500　　785×100＝78500	・図に表すことで，10倍の10倍がどういうことか（100倍と20倍の違い）を明確にできるようにする。 ・20倍は10倍の何倍かを確認することで，10倍の10倍にならないことを理解できるようにする。 ・次の学習にも使える見方・考え方を確認し，知識・理解のみのまとめにならないようにする。

あまりは どうする？

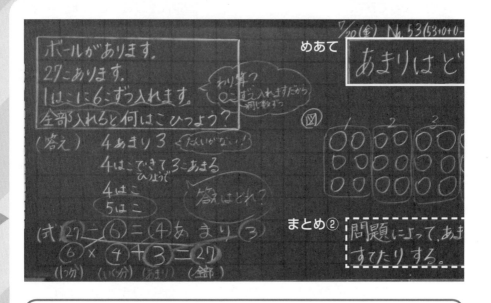

問題　ボールがあります。
　　　27こあります。
　　　1はこに6こずつ入れます。
　　　全部入れると何はこひつよう？

- 答え方は違うのに，みんな式が同じ。
- あまりが答えにある人とない人がいるよ。

めあて　あまりはどうする？

**3年
あまりのあるわり算**

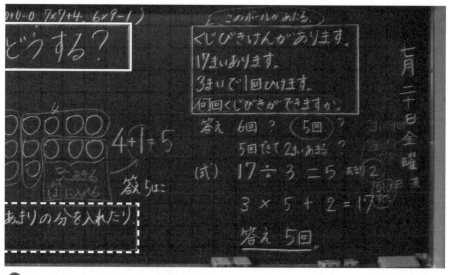

🙂 なぜさっきのボール問題はあまりを入れたのに，今度のくじ引き問題は入れないの？

> **まとめ①** さっきは，全部だったからあまりの分を入れたけど，今度の問題はあまりの2枚じゃくじは引けないから。

🙂 2つの問題で答えの表し方を考えたけど，あまりはどうすればいい？

> **まとめ②** 問題によって，あまりの分を入れたり捨てたりしたらいい！

めあてづくり

答えの表し方の違いから，あまりをどうするか考える。

- 答えはどうなりましたか？
- 4箱できて（必要で），3個あまる。
- 4箱。
- 5箱。
- どんな式になりましたか？
- 27÷6＝4あまり3
- 答え方は違うのに，みんな式は同じ。
- あまりが答えにある人とない人がいるよ。

問題を出した後に，答えから発表させ，子どもたちの答え方にズレが生じているのを確認する。そのうえで，式や計算は同じであるところから，あまりの処理の仕方が違っていることを確認し，「あまりをどうする？」をめあてとして展開する。

振り返り

まとめにつながる振り返り発問①
　なぜさっきのボール問題はあまりを入れたのに，今度のくじ引き問題は入れないの？

本時で出た答えの表し方を比較して，振り返るための発問である。どんなときにあまりを入れて答え，どんなときにあまりをなくして答えるのか子どもが考える。あまりも全部含むときには，その分をたさなければいけないことや，「必要数に足りないからあまっているときには，あまりを捨てる」と

いった気づきを子どもから引き出すことをねらった発問である。

> **まとめにつながる振り返り発問②**
> 2つの問題で答えの表し方を考えたけど，あまりはどうすればいい？

　問題に合わせて，場面をよく理解したうえであまりの処理の仕方を判断するのが大切なこと，また，そのあまりの処理の仕方を，子どもの言葉で引き出すための発問である。子どもたちは，「問題で違う」「全部のときは，あまりも入れる」「保存する」「そうじゃないときは，あまりを捨てる」「あまりはいらない」等と表現していた。そして，1時間の学びを振り返り，学習感想を自分の言葉でまとめていく。

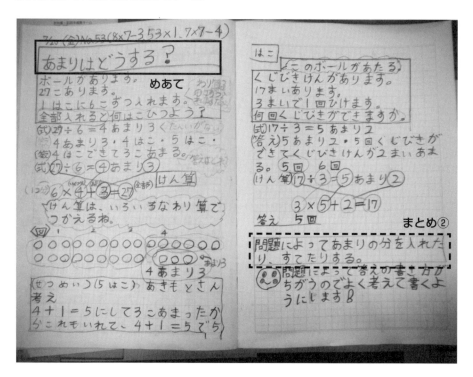

学習展開

子どもの学習活動	教師の指導・支援
問題　ボールがあります。27こあります。1はこに6こずつ入れます。全部入れると何はこひつよう？	
T　何算になりそうですか？ C　わり算。 C　1はこに6こずつ入れますから。 C　27こあって，6こずつ同じ数ずつ入れるとだから。 T　では，求めてみましょう。答えはどうなりましたか？ C　4あまり3。 C　単位がないからダメだよ。 C　4箱できて（必要で）3個あまる。 C　4箱。 C　5箱。 T　答えはどれでしょう？　式は書けたかな？ C　27÷6＝4あまり3 T　本当にこの計算は合っているのかな？ C　検算してみたらいい。 C　6×4＋3＝27 C　答え方は違うのにみんな式は同じ。 C　あまりが答えにある人とない人がいるよ。 T　自分の答えをもっとわかりやすく説明できないかな？ C　図を使えばいい。	・図をイメージしやすいようにボールを箱に入れる問題を提示し，何算になりそうかを問うことで，既習の内容を想起できるようにした。 ・式からではなく，答えから出させることで，ズレを明確にする。 ・どの答えも同じ式であることを確認し，答えの表し方だけが違うことを押さえる。 ・計算が合っているかを確かめる方法を振り返る。 ・あまりの処理の仕方に違いがあることを確認し，めあてを設定する。 ・自分の考えをよりわかりやすく伝える方法を確認する。

C	（図をかいて）27個あって，6個ずつ箱に入れるから，囲むと4箱であまり3個。	
C	箱は4箱だから4箱にした。	
T	では，5箱って答えた人は，どうやって答えを出したんだろう。	
C	問題に全部って書いてあるから，あまった3個も入れるから1箱で，4＋1＝5で5箱。	・問題文の全部に着目し，どの考えなら全部のボールが入っているか確認する。
C	全部入れるにはあまりも入れる箱が必要。4箱であまり3個では全部入ってない。	・＋1の意味を確認し，式が27÷6＝4あまり3，4＋1＝5であることを押さえる。
T	＋1って何？	
C	3個あまり用の箱。	

> 問題　このボールがあたるくじびきけんがあります。17まいあります。
> 3まいで1回ひけます。何回くじびきができますか。

T	答えはどうなりましたか？	・あまりを入れ答えを求める問題とあまりを入れない問題を対比的に扱うことで，答えの表し方の違いを明確にする。
C	6回。	
C	5回。5回できて2枚あまる。	
C	3枚で1回ひけるから，17÷3＝5あまり2だけど，あまりの2枚じゃ引けないからあまりは捨てる。だから5回。	
T	なぜさっきのボール問題はあまりを入れたのに，今度のくじ引き問題は入れないの？	・なぜこの問題は，あまりを入れないか，1問目との違いを明確にする。
C	さっきは，全部だったからあまりの分を入れたけど，今度の問題はあまりの2枚じゃくじは引けないから。	
T	2つの問題で，答えの表し方を考えたけど，あまりはどうすればいいのかな？	
C	問題によって，あまりの分を入れたり捨てたりしたらいい！	

いろいろな図形を見つけよう！

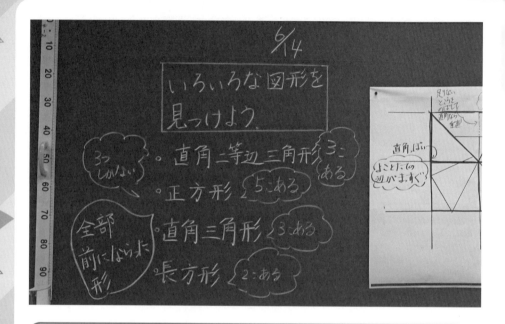

問題　いろいろな図形を見つけよう。

- 三角形や四角形がある。
- 長方形があるよ。
- 正方形もあるよ。

めあて　どうして正方形と言えるのか考えよう。

**4年
四角形を
調べよう**

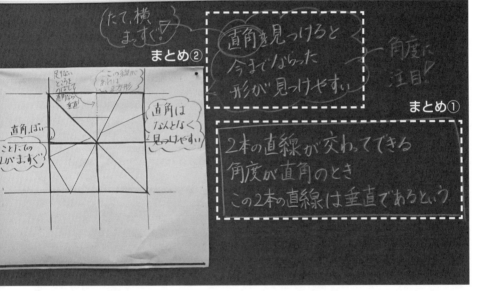

🧑 縦と横の辺がまっすぐ交わって直角があることを何というか確認しよう。

> **まとめ①** 2本の直線が交わってできる角度が直角のとき，この2本の直線は垂直であるという。

🧑 垂直を見つけるためには，何に注目したらよいですか？

> **まとめ②** 縦と横がまっすぐの辺を見つければよい。
> 直角を見つければよい。

第2章 めあてと振り返りで見る 算数授業のつくり方　075

めあてづくり

　様々な直線がある右のような図を提示し，その中からいろいろな形を見つけさせる。

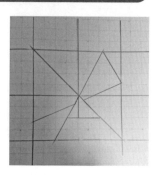

🧑 この図を見て，どんな形を見つけることができますか？
👧 三角形や四角形がある。
👧 正方形や長方形など知っている形もある。

　まずは，図から見つけることができた図形に色を塗らせる。自力解決の時間を3分間くらいとったら，どんな形を見つけることができたかを発表させる。
　子どもたちは様々な形を見つけているが，今までに学習した図形である「正方形」や「長方形」，「直角三角形」などを発表する子どもが多い。
　そして，見つけた形が本当に正方形と言えるかをめあてとした。

🧑 どうして正方形と言えるのか考えよう。
👧 全部の辺が同じ長さだから正方形だよ。
👧 全部の角が直角だから正方形だよ。
🧑 どうして直角だとわかったの？
👧 縦と横の辺がまっすぐだから。
👧 三角定規の直角の部分を当てたら，ぴったり重なったから直角と言える。
🧑 他にみんなが見つけた図形には直角があるか確かめてみよう。
👧 ほとんどの形に直角があった。
👧 直角って見つけやすい。

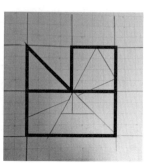

振り返り

> **まとめにつながる振り返り発問①**
> 縦と横の辺がまっすぐ交わって直角があることを何というか確認しよう。

　この授業では，図形を分類するのではなく，あえて多くの直線のある図を用意し，子どもが直感的に直線の関係と直角を見つけ，垂直の定義を自分たちの言葉でつくっていけるようにしたいと考えた。直角がない図形もあるが，直角がある図形とない図形を比較して，辺の交わり方に注目させた。はじめは三角定規や分度器を使わず，感覚的に直角のある図形を見つけさせる。そこから直角をなぜ見つけられたかを問うことで，縦の辺と横の辺がまっすぐ交わっていることや三角定規で確かめれば直角であることが説明できることなど感覚を言語化し，今まで学習したことや２本の辺の交わり方を確かめた。

> **まとめにつながる振り返り発問②**
> 垂直を見つけるためには，何に注目したらよいですか。

　今まで角度としてとらえていた直角の意味を拡張して，辺と辺の交わり方に注目させ，直角の場合は縦と横の辺がまっすぐに交わっていることを確認する。

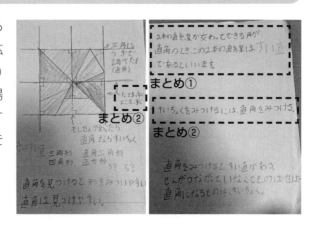

学習展開

子どもの学習活動	教師の指導・支援
問題　いろいろな図形を見つけよう。	
T　この図を見て，どんな形を見つけることができますか？ C　三角形や四角形がある。 C　今まで習った形もあるよ。 T　では，図形に色を塗って，なるべく多くの形を見つけましょう。 （自力解決）	・黒板に図を提示する。  ・黒板と同じ図のプリントを全員に配付する。
T　どんな形を見つけることができましたか？ C　二等辺直角三角形を見つけたよ。 C　直角三角形を見つけました。 C　正方形や長方形を見つけました。	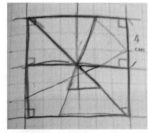
T　正方形を見つけたと発表してくれましたが，どうして正方形と言えるのか考えよう。 C　辺の長さがすべて同じなので正方形だと思います。 C　すべての角が直角なので正方形です。 T　どうして直角だとわかったのですか？ C　縦の辺と横の辺がまっすぐに交わっているからです。	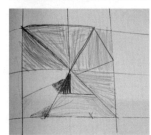

C　三角定規の直角の部分を当てたらぴったり重なったから直角です。 T　自分が見つけた図形に直角はありますか？ C　多くの形に1つは直角がありました。 T　今回みんなが見つけた図形にはどんな特徴が多かった？ C　四角形が多かった。 C　直角がある形が多かったです。 T　三角定規を使わないで直角を見つけるとき，何に注目しましたか？ C　辺がまっすぐ交わっているかどうかを見ました。 T　みんなが言ってくれた縦と横の辺がまっすぐに交わって直角があることを「垂直」といいます。教科書で確認をしましょう。 T　今日，新しく学んだことは何でしょう。 C　垂直を学びました。 T　垂直を見つけるためには，何に注目したらよいですか。 C　直角に注目しました。 C　縦と横の辺がまっすぐに交わっているところに注目しました。 C　垂直を見つけるためには，三角定規を使って直角を見つけたり，2本の辺の交わり方に注目したりするとよいことがわかりました。	・直線を伸ばせば直角に交わることにも気づかせる。 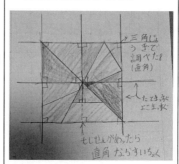 ・教科書で定義を確認する。 ・教科書の問題に取り組み，①の場合だけでなく，②の場合でも垂直であることを押さえる。 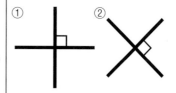

どのお店が一番値上がりしたのかな？

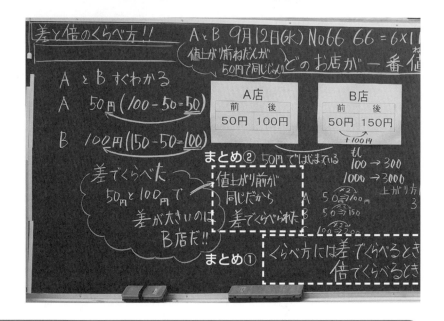

問題　どのお店が一番値上がりしたでしょうか？

- A店とB店は、50円と100円値上がりしたから、B店の方が値上がりしているよ。
- B店とC店は、どちらも100円値上がりしているよ。
- あれ、でもB店の方がより値上がりしている気がするよ。

めあて　BとCは同じ100円値上がりしたのになんでBが値上がりした気がするの？

**4年
割合**

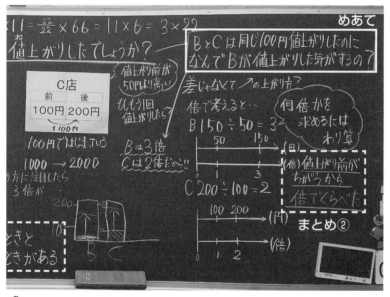

🧑 今日の授業では，どんな比べ方があったのかな？

> **まとめ①** 比べ方には，差で比べるときと倍で比べるときがあったよ。

🧑 どんなときに差で比べられるかな？
　　また，倍で比べるときはどんなときかな？

> **まとめ②** 値上がり前の値段が同じときは，差で比べられる。
> 　　　　　値上がり前の値段が違うときは，倍で比べる。

めあてづくり

　3つの店の値上がり前と値上がり後の値段を提示して,「どのお店が一番値上がりしているか?」を考える。

🧒 次のうち,どのお店が一番値上がりしているでしょうか?
🧒 A店とB店は,50円と100円値上がりしたから,B店の方が値上がりしているよ。
🧒 B店とC店は,どちらも100円値上がりしているよ。
🧒 あれ,でもB店の方が値上がりしている気がするよ。

　3つの店の値上がり前と値上がり後の値段(今回は,お菓子の値段とした)を提示して,「どのお店が一番値上がりしているか?」を予想させる。多くの子どもたちは,値上がり後の値段が一番高いという理由で,C店と予想する。しかし,一部の子どもは,「値上がり前と値上がり後の差が100円で同じ」という理由で,B店とC店で迷う。そこで,子どもたちに「どのお店なら比べやすいか?」と問い,A店とB店なら,差を使い簡単に比べられることを確認する。次に,B店とC店を比べる。実際の授業では,B店とC店を比べるときに出た「BとCは同じ100円値上がりしたのに,なんでBが値上がりした気がするの?」という声を本時のめあてとした。

振り返り

> **まとめにつながる振り返り発問①**
> 　今日の授業では,どんな比べ方があったのかな?

　本時の学習である差で比べる見方と,倍で比べる見方があることを振り返るための発問である。その際,数直線図を用いて,値上がり前の値段を1と

したとき，値上がり後の値段がどれだけにあたるのかを確認する。それぞれの比べ方がどこに板書されているかを指で差させるなどして確認することで，クラス全体で2種類の比べ方を振り返る。

> **まとめにつながる振り返り発問②**
> どんなときに差で比べられるかな？
> また，倍で比べるときはどんなときかな？

　値上がり前の値段が50円でそろっているA店とB店は，差で比べることができる。B店とC店は値上がり前の値段がそろっておらず，それぞれの値上がり前の値段を1にそろえて倍を用いて比べる必要がある。基準量がそろっているときとそうでないときでは，比べ方が異なることを確認し，学習感想を自分の言葉でまとめていく。

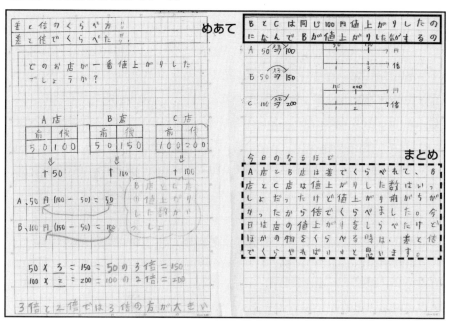

学習展開

子どもの学習活動	教師の指導・支援

問題　どのお店が一番値上がりしたでしょうか？

T　どのお店が一番値上がりしたでしょうか？	・黒板に3つのお店の値段を提示する。
C　B店だと思う。	
C　2桁から3桁になってるからB店。	A店
C　値上がり後が200円で一番高いからC店。	値上がり前：50円／値上がり後：100円
C　BとCは同じ100円値上がりしているよ。	
T　では，どのお店だと比べやすいですか？	B店
C　A店とB店はわかりやすい。	値上がり前：50円／値上がり後：150円
C　A店は100－50＝50で50円の値上がりだよ。	
C　B店は150－50＝100で100円の値上がりだ。	C店
T　A店とB店は，どうやって比べたのかな？	値上がり前：100円／値上がり後：200円
C　値上がり前と値上がり後の差で比べた。	・同じ100円と思った理由を問い返し，値上げ前と値上げ後の差で比べようとしたことを確認する。
C　差が50円と100円だから，B店の方が値上がりしたと言えるね。	
T　では，B店とC店だと値上がりしたのはどちらと言えるかな？	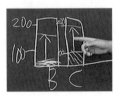
C　どちらも100円値上がりしているよ。	
C　あれ，でもB店の方がより値上がりしている気がするよ。	
T　BとCは同じ100円値上がりしたのに，なんでBが値上がりした気がするの？	

C　なんだかB店の方がぐーんと上がっている気がするから。 C　それはわかるけど，差は100円で同じだよ。 C　上がり方に注目するとC店の方が上がっているよ。 T　差じゃない比べ方があるってこと？ C　それぞれの値上がり前と後を並べるとそれぞれA店は2倍，B店は3倍，C店は2倍に増えていることがわかるよ。 T　どうやって2倍や3倍を出したのかな？ C　B店　150÷50＝3で3倍。 　　C店　200÷100＝2で2倍だよ。 　　わり算で倍は出せるよ。 C　だったら，A店は100÷50＝2　2倍だね。 T　結局，一番値上がりしたのはどのお店かな？ C　B店が一番だね。だって，元の値段から3倍値上がりしていたからね。 T　今日の授業ではどんな比べ方があったかな？ C　差で比べる比べ方と，倍で比べる比べ方があったよ。 T　では，どんなとき差で比べられるかな？ 　　また，倍で比べるときはどんなときかな？ C　値上がり前の値段が同じときは差で比べられて，値上がり前の値段が違うときは倍を使ったよ。 T　今日の授業の学習感想を書きましょう。	・倍で比べる際には，「値上がり前の値段」と「値上がり後の値段」の間に比例関係が成り立つことが前提である。それぞれの店で，2個，3個と商品の個数を増やしても同じ値段の上がり方であることを話題にして，比例関係が成り立っていることを確認する。  ・「倍の関係がわかるような図がかけないか？」と聞き，数直線図に触れる。その際，値上がり前の値段を1にそろえて値上がり後の値段がどれだけにあたるのかを視覚的にわかるようにする。 ・差で比べたときを振り返り，倍で比べたときとの違いを確認する。

どうしたら，緑のピースの位置が伝えられるかな？

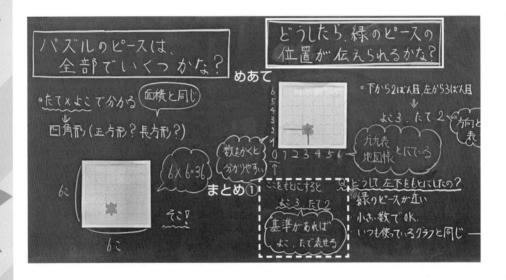

問題　パズルのピースは，全部でいくつかな？

 ピースは全部で36個だよ。
 緑のピースが1つあったよ！

めあて　どうしたら，緑のピースの位置が伝えられるかな？

4年 直方体と立方体

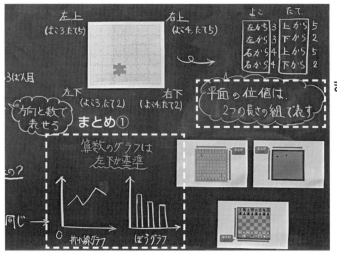

 今までの学習と同じところはないかな？（授業の途中）

> まとめ①　基準があれば横，縦で表せる
> 　　　　　算数のグラフは左下が基準

 平面の位置は，どのように表せばいいかな？（授業の終末）

> まとめ②　平面の位置は，2つの長さの組で表す。

めあてづくり

平面上にある点の位置の表し方を理解できるようにすることをねらう。

- パズルのピースは，全部でいくつかな？
  （パズル図を数秒間見せる）
- ピースは，全部で36個だよ。
- 緑のピースが1つあったよ！
- 緑のピースなんてあった？
- そこそこ！

「パズルのピースは，全部でいくつかな？」と投げかけ，パズル図をフラッシュ的に提示する。子どもたちは，パズルの縦と横の数を記憶し，ピースの総数が36個と計算で求めた。

ここで，「緑のピースが1つあったよ！」という声があがる。「緑のピースなんてあった？」と教師がとぼけると，子どもたちは「そこそこ！」「左から…」「上から…」など，様々な表現方法で位置を伝えようとする。このように「緑のピースの位置を伝えたい」という気持ちを引き出し，「どうしたら，緑のピースの位置を伝えられるかな？」というめあてを設定したい。

- どうしたら，緑のピースの位置を伝えられるかな？（めあて）

振り返り

まとめにつながる振り返り発問①（授業の途中）
　今までの学習と同じところはないかな？（見方・考え方）

本時で働かせた「見方・考え方」の振り返りに焦点を当てた発問である。

子どもの考えに対して,「今までの学習と同じところはないかな?」と問い返し,既習事項とのつながりを想起させる。「見方・考え方」は,既習事項を基にして働かせているからである。このように,子どもが働かせている「見方・考え方」が既習事項とどうつながっているかを教師が顕在化させることで,「見方・考え方」が成長,変容していく。

> **まとめにつながる振り返り発問②(授業の終末)**
>   平面の位置は,どのように表せばいいかな?(知識・技能)

　本時で新しく獲得した「知識・技能」の振り返りに焦点を当てた発問である。授業の終末には,一単位時間の学習を振り返り,子どもが自分の言葉でまとめを書けるようにしたい。そのために,学習のまとめにつながる子どものつぶやきや意見を板書の中に意図的に残すようにする。

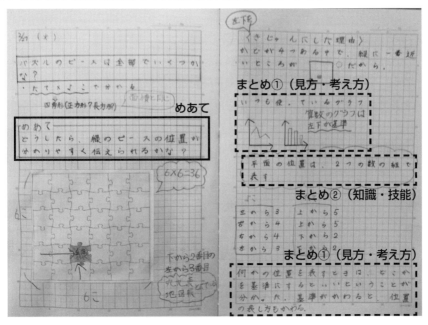

学習展開

子どもの学習活動	教師の指導・支援
問題　パズルのピースは，全部でいくつかな？  T　パズルのピースは，全部でいくつかな？ 　　（パズル図を数秒間提示する） C　短いからよくわからなかった。 C　四角形のパズルだった気がする。 C　縦と横のピースの数がわかれば計算できる。 T　縦と横の数に着目するといいんだね。 　　では，もう一度見てみましょう。 　　（再度，パズル図を数秒間提示する） C　わかった！ 縦も横もピースは6個ずつだったから，6×6で36個だ。 T　本当に36個か確かめてみましょう。 C　緑のピースが1つあったよ！ T　緑のピースなんてあった？ C　そこそこ！ C　左から…。 C　上から…。	・パズル図をフラッシュ的に提示することで，短い時間でピースを数える方法に着目させる。 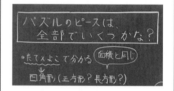 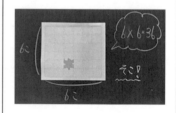 ・緑のピースの位置の表し方が様々であることに着目させ，本時のめあてを引き出す。

T　どうしたら，緑のピースの位置が伝えられるかな？（めあて） 　　（自力解決）	
T　緑のピースの位置をどのように表したかな？	
C　左から3番目，下から2番目。	
C　左下を基準にして，位置を表した。	・問題解決で働かせた「見方・考え方」を顕在化させ，既習とのつながりを想起させる。
T　今までの学習と同じところはないかな？	
C　1年「なんばんめ」のときも基準を決めた。	
C　折れ線グラフや棒グラフも左下が基準になっているね。	
C　九九表や地図帳とも似ているね。	
T　他のところも基準にできるのかな？	
C　左上，左下，右上，右下の4つの基準がある。	
T　基準が変わると位置はどうなるのかな？ 　●左から3上から5　●右から4上から5 　●左から3下から2　●右から4下から2	・基準が変わると位置の表し方も変わることに気づかせる。
C　基準が変わると，位置の表し方も変わる。	
T　左下を基準にした子が多いんだけど，どうして，左下を基準にしようと思ったの？	・左下を基準とした理由を問うことで，基準の位置について着目させる。
C　緑のピースが近いから，小さい数で表せる。	
C　折れ線グラフや棒グラフと同じだから。	
T　平面の位置は，どのように表せばいいかな？	・本時の学習で新しく獲得した「知識・技能」を自分の言葉でまとめさせる。
C　基準を決めて，横と縦の数の組で表す。	
C　基準が変わると，位置の表し方も変わる。	

80×2.3って どういうこと？

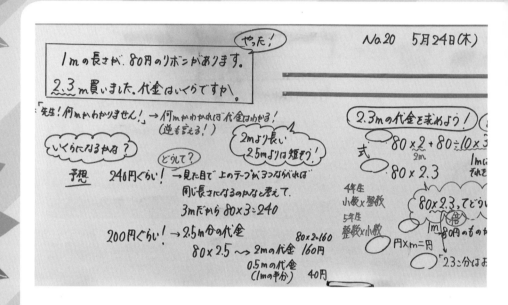

問題　1mの長さが80円のリボンがあります。2.3m 買いました。代金はいくらですか。

 80×2.3

めあて　80×2.3ってどういうこと？（×2.3とはどういう意味？）

5年
小数の
かけ算

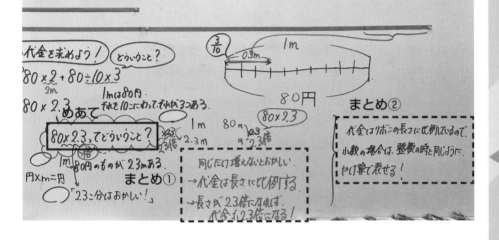

🧒 長さが2.3倍になると，代金も2.3倍になりますか？

> まとめ①　代金は長さに比例する。
> 　　　　　長さが2.3倍になれば，代金も2.3倍になる！

🧒 比例しているので，小数の場合も整数のときと同じように，かけ算に表せますね。学習感想を書きましょう。

> まとめ②　（本時の学びを振り返り，自分の言葉で書く）

めあてづくり

「１ｍの長さが80円のリボンがあります」と話しながら，リボンに見立てた１ｍの紙テープを提示し，次のように板書する。『１ｍの長さが80円のリボンがあります。＿＿＿ｍ買いました。代金はいくらですか』

子どもからは，「長さがわからないと求められない」といったつぶやきが出される。そこで，「長さがわかれば代金がわかる」ことを確認した後，１ｍの紙テープの下に，長さを言わずに2.3ｍの長さの紙テープを提示する。そして，代金を予想させる。長さを示さないことで，１ｍの長さと比べて提示された紙テープの長さが何倍になっているかという，倍の見方で関係をとらえてくれればと考えた。そして，その予想と根拠を丁寧に共有していく。その後，長さを測り2.3ｍであることを共有した後，次のように問いかける。

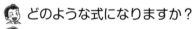
どのような式になりますか？
80×2.3

実際の授業では，まずは上記以外に出された「80×２＋80÷10×３」という式の意味を確認した。そして，「80×2.3」について『80×2.3ってどういうこと？（×2.3とはどういう意味？）』と問い，本時のめあてとした。

振り返り

> **まとめにつながる振り返り発問①**
> 長さが2.3倍になると，代金も2.3倍になりますか？

かけ算の意味を，「2.3個分」と考える子や「2.3個分はおかしい」と悩む子の思いを取り上げ，かけ算の意味をどうとらえたらよいかと問いかける。授業では，「長さが１ｍから2.3ｍに2.3倍になるから，重さも80円の2.3倍に

なる。だから，80円の2.3倍で80×2.3となる」という考えが出された。そこで，発問①を投げかけた。子どもからは，「同じだけ増えないとおかしい」「代金は長さに比例するから，長さが2.3倍になれば代金も2.3倍になる」といった考えが出された。このような考えを基に，かけ算の意味を，比例関係を前提とした倍の意味に拡げていく。

> **まとめにつながる振り返り発問②**
> 　比例しているので，80円の2.3倍と考えれば，小数の場合も整数のときと同じようにかけ算に表せますね。学習感想を書きましょう。

比例関係を前提とすれば，かける数が整数の場合も小数の場合も，同じように倍の意味で統合的にみていけることを確認していく（本来ならば，数直線図に，整数と小数の両方の場合を一緒に表すことを通して確認していくことが必要であったが，実際は，時間の都合上，次時の最初にそのような活動を行った）。そして，本時のまとめとして，1時間の学びを振り返り，自分が考えたこと，思ったことを言葉で書いていく。

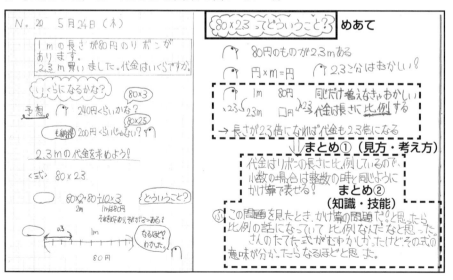

学習展開

子どもの学習活動	教師の指導・支援
T （1mの紙テープを提示して）1m80円のリボンがあります。	・リボンに見立てた1mの紙テープを提示する。

問題　1mの長さが80円のリボンがあります。＿＿＿m買いました。代金はいくらですか。

C　長さは何mですか？ T　（2.3mの紙テープを提示し）買った長さはこれです。代金はいくらになりそうですか？予想をしてみましょう。 C　160円よりは高い。なぜかというと、長さを2mと考えて、80×2＝160だから。 C　200円。長さが2.5mぐらいだから、80×2＋40＝200。 T　では長さを実際に測ってみてください。 C　（実際に測って）2.3mだった。 T　では、2.3mのときの代金を求めましょう。式はどのようになりますか？ C　80×2＋80÷10×3 C　80×2.3 T　80×2＋80÷10×3の式の意味は何ですか？ C　80×2は2m分の代金、80÷10×3は80円を10個に分けたうちの3つ分、0.3mの代金を表す。	・1mの紙テープの下に、2.3mの紙テープを提示する。その際、その長さは数値で示さない。そうすることで、1mの紙テープと比べて、何倍ぐらいの長さかという、倍の見方で長さの関係をとらえていくことを促す。加えて、「長さがわかれば代金がわかる」ことを確認する。 ・2mならば80×2、3mならば80×3と立式できることから、かける数が小数になっても、立式することに難しさを感じる子は少ないと思われる。しかし、「×2.3とはどういうこと？」「80円が2.3個（2.3

096

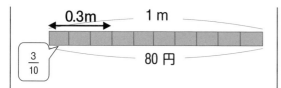

T では，80×2.3ってどういうこと？
つまり，×2.3とはどういう意味ですか？
C 80円が2.3個分あること。
T 2.3個分とはどういうことですか？
C 2.3個分というか，2.3倍という意味。1mから2.3mに長さが2.3倍になっているから，代金も2.3倍になるはず。だから，80の2.3倍ということ。
T 長さが2.3倍になると，代金も2.3倍になりますか？
C 長さが2倍，3倍になると，代金も2倍，3倍になっているから，代金は長さに比例する。
T この関係を数直線図に表してみましょう。
C

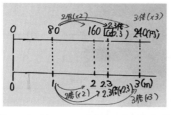

T 比例しているので，80円の2.3倍と考えれば，小数の場合も整数のときと同じようにかけ算に表せますね。
T 学習感想を書きましょう。

m)分とはどういうこと？」と問い，かける数が小数の場合の意味について向かい合えるようにする。

・必要に応じて，以下のことを確認する。

　4年生までの小数のかけ算は「小数×整数」であり，今向かい合っている小数のかけ算は「整数×小数」であること。

　80×2は"80円が2個分"のように，「×整数」のときは"○個分"という意味であったこと。

・代金と長さの関係を数直線図に表し，2mや3mの場合と同様に，2.3mのときも矢印を入れながら，長さが2.3倍になれば，代金も2.3倍になることを確認する。既習のかけ算の意味を拡張し，かける数が整数の場合も小数の場合も，同じ数直線図に表していくことで，統合的にみていけるようにする（実際の授業では，次時に行った）。

□角形の内角の和はどうやって求めるの？

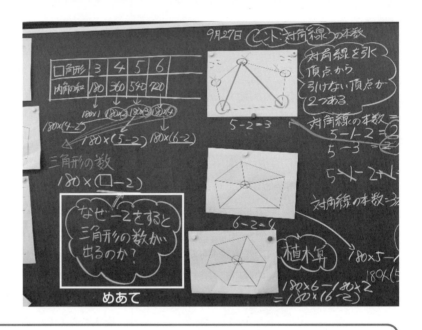

問題　□角形の内角の和は何度になるかな？

□角形	3	4	5	6	…
内角の和	180	360	540	720	…

- 180×（□－2）でいつも求められる。
- 180っていうのは，三角形の内角の和だね。
- □－2で三角形の数が出るということだけど，なんでだろう？

めあて　なぜ□－2をすると三角形の数がでるのかな？

5年
図形の角

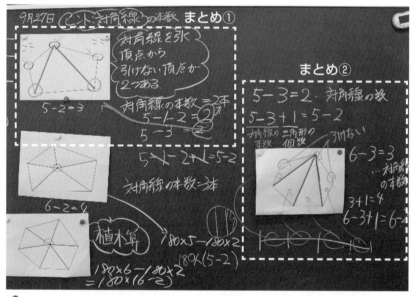

😃 1つの頂点から引ける対角線の本数はどうやって求めるの？

まとめ① 植木算みたいに対角線で切った本数＋1が三角形の数になる。

😃 なぜ1つの頂点から引ける対角線の本数＋1が三角形の数になるの？

まとめ② 植木算みたいに考えれば，対角線で切った本数＋1が三角形の数になるから。

めあてづくり

多角形を三角形に分けながら，四角形は180×2，五角形は180×3，六角形は180×4で内角の和が求められることを見つけ，表にまとめる。

😊 四角形，五角形，六角形，いつでも□−2で三角形の数が求められるから，180×（□−2）で，□角形の内角の和は求められるね。

😊 でも，どうして□−2で三角形の個数が求められるのかわからないな。

　□−2で三角形の個数が求まる理由を考えることは，5年生にとって，とても難しいことなので，ヒントを出しながら，少しずつ進めていきたい。まずは，1つの頂点から対角線を引くことから始めるとよい。

😊 まず三角形に分けるために何をしますか？
😊 1つの頂点から対角線を引きます。
😊 五角形なら2本引けて，対角線の本数＋1で三角形の数だ。
😊 六角形なら3本引けて，対角線の本数＋1で三角形の数になっている！

振り返り

まとめにつながる振り返り発問①
　1つの頂点から引ける対角線の本数はどうやって求めるの？

　ここで，1つの頂点から引ける対角線が□−3であることを確認する。対角線を引き始める頂点と，その両隣の頂点には対角線が引けないので，対角線が引ける本数が□−3で求められるのである。

> **まとめにつながる振り返り発問②**
> なぜ１つの頂点から引ける対角線の本数＋１が三角形の数になるの？

　三角形の数は，対角線の数＋１で求めることができる。これは，植木算の考え方を使っている。まとめにつながる振り返り発問①②の内容を，五角形や六角形を例に，一つひとつ子どもに説明させながら確認していく。

　また180×（□－２）を分配法則を使って180×□－180×２と式変形すると，三角形を□個つくり，そこから360°ひくというように考えることもできる。その考え方は，右の写真のように，多角形の中に点をとって，そこから各頂点に直線を引いて三角形をつくり，中心の360°をひくという方法である。

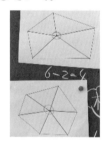

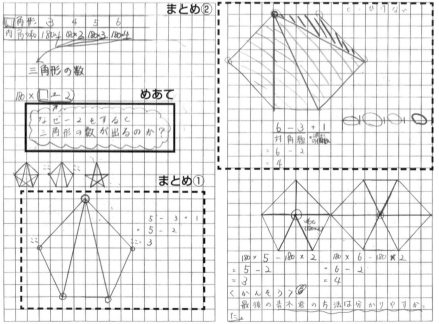

学習展開

子どもの学習活動	教師の指導・支援
問題　□角形の内角の和はどうやって求めるの？	
<table><tr><td>□角形</td><td>3</td><td>4</td><td>5</td><td>6</td><td>…</td></tr><tr><td>内角の和</td><td>180</td><td>360</td><td>540</td><td>720</td><td>…</td></tr></table> T　表にしてみると，どんなきまりがあるか見やすくなりますね。 C　四角形，五角形，六角形，いつでも□－2で三角形の数が求められるから180×（□－2）で，□角形の内角の和は求められるね。 C　でも，どうして□－2で三角形の個数が求められるのかわからないな。 T　まず三角形に分けるために何をしますか？ C　1つの頂点から対角線を引きます。 C　五角形なら2本引けて，対角線の本数＋1で三角形の数だ。 C　六角形なら3本引けて，対角線の本数＋1で三角形の数になっている！ T　1つの頂点から引ける対角線の本数はどうやって求めるのかな？	・表にまとめることで，180×（□－2）という多角形の内角の和を求めるための一般式に気づきやすくする。 ・四角形，五角形，六角形を使って，□－2が三角形の数を求めていることを共有する。 ・何角形でもよいので，1つ例となる多角形を使って，対角線を引いて三角形に分けることから始める。 ・1つの頂点から対角線が引けない頂点が2つあるから，□

C　例えば五角形で説明すると，1つの頂点から対角線が引けない頂点は，その頂点と隣の2つの頂点が引けない。だから，対角線の本数が5－3で求められる。これは，四角形でも六角形でも同じだから，□－3で対角線の本数が求められます。 C　そうか，□－3に＋1をするから，□－2で三角形の数が求められるんだね。	－2で三角形の数が求まると考える子どもも多いので，式と図形を照らし合わせながら，何を求めているのかを具体的に示していく。
T　なぜ1つの頂点から引ける対角線の本数＋1が三角形の数になるの？ C　だって，例えば1本のひもを2回切れば，3本のひもに分けられるでしょ。それと同じで，五角形なら2本の対角線が引けるから，対角線2本で五角形を分ければ，三角形が3つできるでしょ。 C　だから，対角線の数＋1の数が三角形の数になるということだね。	・ひも等，他の場面を使って説明できなくても，五角形や六角形を使って説明すれば，対角線の数＋1が三角形の数になることは十分に理解できる。
C　他にも，180×(□－2)を分配法則を使って，180×□－180×2と見れば，こうやって考えることもできるよ。 C　三角形が□個できて，真ん中の360°分をひくということだね。 C　これもわかりやすい！	・左の考え方が出た場合は，□角形の内角の和を求める際は「三角形に分ける」という考え方が共通していることに気づかせ，三角形を基に多角形ができていることに触れさせたい。

第2章　めあてと振り返りで見る　算数授業のつくり方　103

どのグループに入る数かな？

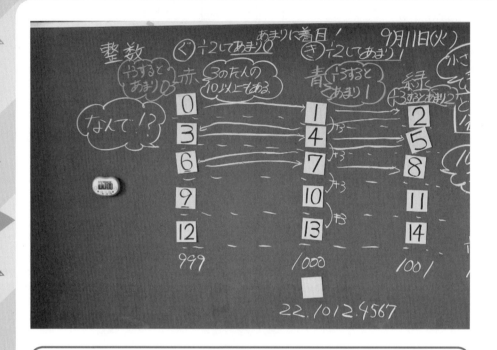

問題　整数を3つのグループに分けます。
　　　封筒から出した整数は，どのグループに入るかな？

🧑 並べ替えれば何かわかるかな。
🧑 偶数や奇数のときみたいに，何かの整数でわってみようかな。

めあて　どうやったらグループ分けできるかな？

5年　整数の性質

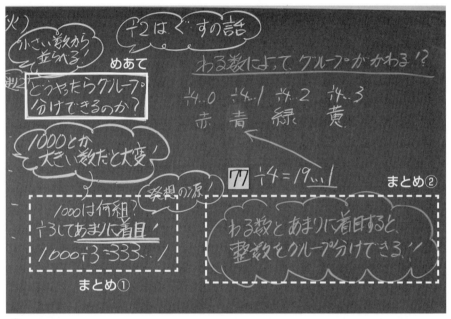

🧒 整数を３つのグループに分けるためには何を考えればいいかな？

> まとめ①　÷３してあまりに着目！

🧒 整数をグループ分けするときは何に着目するといいかな？

> まとめ②　わる数とあまりの数に着目すると整数をグループ分けできる。

めあてづくり

整数をランダムに提示し，3つのグループのうち，どのグループに入るのかを考える。

- まずは6です。これは赤グループです。続いて1です。これは青グループです。12は赤グループです。では，13は何グループに入るかな？
- 青グループです。だって，赤が偶数，青が奇数で，13は奇数だから。
- 正解です。では，8はどのグループかな？
- 8は偶数だから，赤グループだ！
- 正解は緑グループです。
- えぇ!? どうやってグループ分けしているのかわからないなぁ…。

本時は偶数と奇数を学習した後に行う。6，1，12，13の順に提示していき，「偶数（赤）と奇数（青）にグループ分けする活動だろう」という意識にさせる。そのうえで8を提示して「偶数だ」と思わせる。しかし，8は新たな緑というグループであることを伝えると，子どもから「どうやってグループ分けをしているのか？」という疑問が自然と生まれてくる。

この後は，封筒に入れておいた整数の数カード（裏面にグループ毎に赤・青・緑と記載）を子どもに引かせ，どのグループに入るのかを予想させてから正解を伝えて各グループの場所に貼っていく。

- 並べ替えれば何かわかるかもしれない。
- 最初の数が赤が0，青が1，緑が2で，それぞれ3ずつ増えている。
- 赤は3でわったらわりきれて，青はあまりの数が1，緑はあまりの数が2になっている。
- 3ずつ増えているきまりだと，1000とか大きい整数がどのグループに入るか考えるときに大変だけど，あまりの数で考えればすぐにわかる！

振り返り

まとめにつながる振り返り発問①
整数を3つのグループに分けるためには何を考えればいいかな？

整数をあまりの数に着目してグループ分けすることを共有するための発問である。そこで，「わり切れる＝あまり0」という見方にも気づかせたい。

まとめにつながる振り返り発問②
整数をグループ分けするときは何に着目するといいかな？

偶数・奇数だけでなく，わる数とあまりの数に着目することで，整数をグループ分けできるという着眼点を共有する。

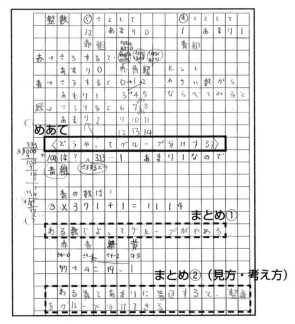

第2章 めあてと振り返りで見る 算数授業のつくり方

学習展開

子どもの学習活動	教師の指導・支援
問題　次の整数はどのグループに入るかな？	
T　6は赤，1は青，12は赤，13は青。では，8は何色のグループに入るでしょうか？ C　赤は偶数，青は奇数だから，8は赤です。 T　正解は緑グループです。整数を，赤，青，緑の3つのグループに仲間分けします。 C　どうやったらグループ分けできるのかなぁ。 T　まだ封筒の中には整数が入っています。だれか引いてください。 C　はい！　11でした。 C　赤！　C　青！　C　緑！ T　正解は緑グループです。 T　どうやったらグループ分けできるかな？ C　カードがバラバラだとわかりづらいから，並べ替えれば何かわかるかもしれない。 C　最初の数が赤が0，青が1，緑が2で，それぞれ3ずつ増えている。 C　赤は3でわったらわりきれて，青はあまりが1，緑はあまりが2になっている。	・0〜14までの整数の数カードを封筒に入れておき，各カードの裏面に赤・青・緑と書いておく。 ・意図的に6，1，12，13を提示し，偶数と奇数に仲間分けすると子どもに思わせる。 ・子どもに数カードを引かせ，どのグループに入るのかを予想させてから，各グループの場所に貼っていく。

C　3ずつ増えるきまりだと，1000とか大きい整数がどのグループに入るか考えるときに大変だけど，あまりで考えればすぐにわかる！	
T　偶数と奇数は2でわって，あまりが0の整数が偶数，あまりが1の整数が奇数です。整数は，2でわるだけでなく，3でわってもグループ分けできるんですね。	・偶数と奇数も，わる数とあまりに着目して整数を分ける方法の1つであることを理解させる。
T　整数を3つのグループに分けるためには何を考えればいいかな？ C　3でわって，あまりを使えばいい。 C　わりきれる整数が赤，あまりが1になる整数が青，あまりが2になる整数が緑だ。 T　わりきれるときだけあまりが出ないけれど，この場合，あまり何と言えばいいかな？ C　「あまり0」と言えば，すべてのグループをあまりを使って考えることができる。	・わる数を4にして，わる数が2と3以外でも，あまりに着目することで整数を仲間分けすることができることを経験させる。
T　もし，赤・青・緑・黄色の4つのグループに分けるとしたら，77は何色グループかな？ C　4でわればいいから，77÷4＝19あまり1だから，青グループになる。	
T　整数をグループ分けするときは何に着目するといいかな？ C　わる数とあまりに着目すると，整数をグループ分けできる。	・わる数とあまりに着目することで，整数をグループ分けできるという着眼点を意識させる。

面積の一番大きな図形はどれかな？

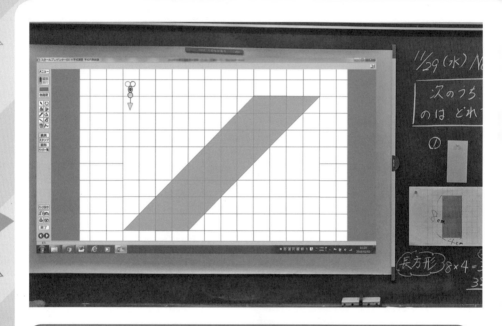

問題　次のうち，面積が一番大きいのはどれですか。

🧑 ③の面積がわかれば比べられる。
🧑 高さがはみ出るときは，底辺をのばして高さをとればいいと思う。

めあて　高さは平行四辺形の外側でもいいの？

**5年
四角形と
三角形の面積**

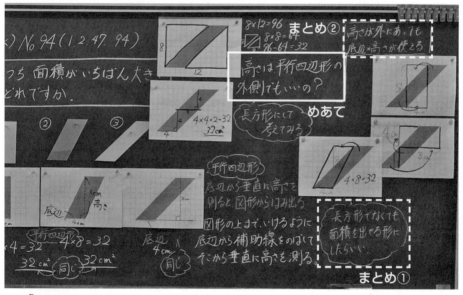

👦 高さが外にある平行四辺形の面積を求めるにはどうすればよかった？

> まとめ①　長方形でなくても面積を求められる形にしたらいい。

👦 今日の学習から，どんなことが言えますか？

> まとめ②　高さが外にあっても底辺×高さが使える。

めあてづくり

3種類の図形を提示し，面積が一番大きな図形はどれかを問い予想させる。

- 次のうち，面積が一番大きいのはどれかな？
- 面積を求めるために，長さが知りたい。

長さを知りたいという意見が出たところで，方眼の入った図を提示する。①と②は面積を求めることができるが，③は高さが図形の外に出るため求めることができない。子どもから③の面積は求められないという言葉が出たら，そのまま『③の面積の求め方を考えよう』というめあてを設定するとよい。

実際の授業では，平行の性質から類推して，底辺をのばして高さをとると，③の平行四辺形も「底辺×高さ」が使えるのではないかという意見が出たため，『高さは平行四辺形の外側でもいいの？』をめあてとして展開した。

- 平行だから底辺を伸ばして高さをとればいいと思う。
- 高さは平行四辺形の外に出てもいいのか調べてみよう。

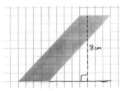

振り返り

まとめにつながる振り返り発問①
高さが外にある平行四辺形の面積を求めるにはどうすればよかった？

本時で出た考えを統合的に見て，「数学的な見方・考え方」の振り返りに

焦点を当てた発問である。

これまでは，既習の長方形に帰着させて面積を求めてきたが，ここでは長方形だけでなく高さが内側にある平行四辺形を基にしても面積が求められるというように，見方・考え方を広げていく。

> **まとめにつながる振り返り発問②**
> 今日の学習から，どんなことが言えますか？

本時で新しく獲得した「知識・技能」の振り返りに焦点を当てた発問である。これまでの平行四辺形と同様，高さが外に出ても底辺×高さで求められることを確認し，同じ面積の公式として使えることを押さえていく。

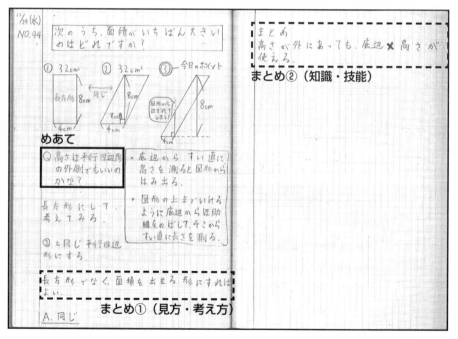

第2章 めあてと振り返りで見る 算数授業のつくり方　113

学習展開

子どもの学習活動	教師の指導・支援
問題 次のうち，面積が一番大きいのはどれですか。	

T どれが一番大きそうか予想してみよう。 C ②の図形が大きそう。 C どれも同じだと思う。 C 長さが知りたい。	・黒板に３つの図を提示する。 
T では，この方眼入りの図を使うと面積を求められるかな？ C ①と②はできる。 C ①は，長方形だから 8 × 4 ＝ 32　32cm² C ②は，平行四辺形だから 4 × 8 ＝ 32　32cm² C どちらも同じ。	・長さを教えてほしいという意見が出たところで，方眼の入った図を提示する。
T ③の平行四辺形はどうですか？ C 高さを底辺からとろうとすると途中でぶつかってしまう。 C 平行四辺形だから，底辺をのばしてその間の長さを高さとしたらいいんじゃないかな。 C 底辺×高さで，4 × 8 でいいと思う。 T 本当に，高さが平行四辺形の外に出ても面積が求められるのかな？ C これまでみたいに長方形にして調べてみたら	・実際に図にかき入れさせることで，全体でイメージを共有させる。 ・平行四辺形の面積を考えたと

いい。 T では，面積の求め方を考えてみよう。 C 三角形を2か所移動させて，縦8㎝，横4㎝の長方形にして考えた。 C 切り方を変えて，三角形を移動させたら，縦4㎝，横8㎝の長方形にすることもできた。 C 大きな長方形で考えたら，平行四辺形の外側には，直角三角形が2つできて，その2つを合わせると，8×8の正方形になる。 C 真ん中で分けて，2つの面積が出せる平行四辺形にして考えた。 C 対角線で分けて移動させたら，②と同じ形の平行四辺形にすることもできる。 T ③の面積も32㎠になるのですね。 C 3つの図形は面積が等しくなる。 T 高さが外にある平行四辺形の面積を求めるにはどうすればよかった？ C 長方形に移動させて考える。 C 長方形だけでなく，面積が求められる形にして考えるといい。 T 今日の学習から，どんなことが言えますか？ C 平行四辺形は高さが外に出ても底辺×高さで面積を求めることができる。	きに長方形に帰着したことを振り返らせる。 ・方眼入りのワークシートで面積の求め方を考えさせる。 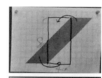 ・面積を求められる図形が増えたことで見方・考え方が広がっていることを意識させる。 ・高さが中にある平行四辺形と統合して考えることができるようにする。

対角線の本数を求めよう！

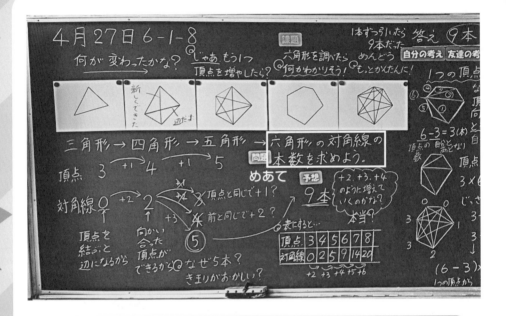

問題場面　（三角形→四角形→五角形と変化していく図を提示）

- 三角形から四角形になると対角線が2本引けるようになった。
- じゃあ，五角形になったらまた2本増えて4本になるのかな？
- あれ？　3本増えて5本になったよ。
- 六角形を調べたら何かわかるんじゃないかな。

めあて　六角形の対角線の本数を求めよう。

5年 表や式を使って

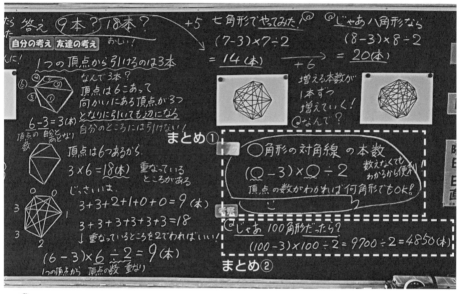

🧑 どうしてみんなそのやり方を使ったのかな？

まとめ① 　○角形の対角線の本数
　　　　　（○－3）×○÷2
　　　　　頂点の数がわかれば何角形でもOK！

🧑 じゃあ100角形だったらどうなる？（100以外にもいくつか問う）

まとめ② 　（100－3）×100÷2＝9700÷2＝4850（本）

めあてづくり

　三角形に，新たな頂点を加えて四角形へと変化させると，子どもは頂点，面積，対角線などが増えていくことに気づく。そこで，対角線への着目を促し，三角形には対角線がなく，四角形になると2本引けることを確認する。

- 三角形にはなかった対角線が四角形では2本引けましたね。
- 五角形になったら4本になるのかな？
- ○○君は，どうして4本になると考えたのだと思いますか？
- きっと2本ずつ増えていくというきまりがあると考えたのだと思います。

　子どもは，対角線の本数について，一定の増え方をしていくのではないかと推測する。しかし，実際に確かめると，五角形の対角線の本数は，4本ではなく5本になる。4本と推測した気持ちを共有しつつ，実際は5本であることを確かめることで，子どもの主体的な問いが生まれる。

- 対角線の増え方にきまりはないのかな？
- きっと何か秘密があるよ。
- その秘密を確かめるにはどうしたらいいと思いますか？
- 六角形を調べたら何かわかるんじゃないかな。

振り返り

> **まとめにつながる振り返り発問①**
> 　どうしてみんなそのやり方を使ったのかな？

　子どもは，課題を解決するために，まず六角形について表や図，式を使って考えていくことが予想される。しかしその後，七角形，八角形…と頂点の

数を増やして考えていくと「(頂点の数－3)×頂点の数÷2」という式を使うと簡単に求めることができると理解する。それがなぜかを問い,「頂点の数がわかればあらゆる多角形の対角線の本数を求めることができるよさ」への気づきを子どもから引き出すことをねらった発問である。

> **まとめにつながる振り返り発問②**
> じゃあ100角形だったらどうなる？

どんなに頂点の数が多い多角形でもすぐに対角線の本数を求めることができるという実感を深める発問である。なお,子どもの方から「○角形でもできそう」,「○角形でもやってみたらできた」という発展的な思考が引き出される場合もある。そのときは試行錯誤や議論の時間を与え,評価したい。

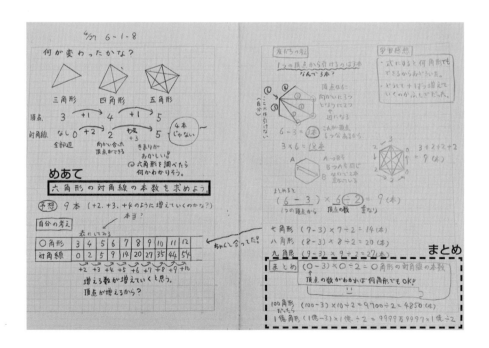

学習展開

子どもの学習活動	教師の指導・支援
T （三角形から四角形への変化を提示） C 頂点が増えた。 C 辺だったところが対角線になった。 C 四角形の対角線は2本引くことができる。 C 五角形にするとまた2本増えて4本になる。 T やってみようか（変化を提示）。 C あれ？ 3本増えて5本になったよ。 C 対角線の増え方にきまりはないのかな？ C 六角形を調べたら何かわかるんじゃないかな。	○図形の変化を視覚的にわかりやすく提示し，子どもが頂点の数と対角線の本数に着目しやすくする。 ○自由な発言を促しながら，問いを引き出し，それを本時のめあてへと導いていく。

めあて　六角形の対角線の本数を求めよう。

予想される子どもの解決方法（六角形の後，八角形について考えたとき）

C1　実際に図にかいて調べた。
　　それぞれの頂点から
　　引ける本数をたすと，
　　5+5+4+3+2
　　+1+0+0=20

C3　七角形から八角形になると6本増えるのは，頂点が1つ増えて新たに5本引けるようになり，あと1本は辺が対角線になったから。

C2　表にして対角線の増え方を考えた。増えていく本数をたしていくと，
　　6+5+4+3+2=20

頂	3	4	5	6	7	8
対	0	2	5	9	14	20

　　　　+2　+3　+4　+5　+6

C4　本数を求める式を考えた。
　　①1つの頂点から引ける本数は，
　　　8-3=5（本）
　　②それに頂点の数をかけると，
　　　5×8=40（本）
　　③重なっている部分があるので，
　　　40÷2=20（本）

C　C1は数え間違えやすい。 C　C2は，(6＋5＋4＋3＋2)＋(2＋3＋4＋5＋6)として2倍の本数を求めれば，8×5÷2＝20本。 C　C4は頂点がいくつに増えてもできそうだ。 C　本当にできるか九角形でやってみました。 C　(9－3)×9÷2で27本になりました。 T　じゃあ100角形だったらどうなる？ C　C4のやり方で(頂点の数－3)×(頂点の数)÷2だから(100－3)×100÷2＝4850（本） C　なんで頂点の数から3ひくの？ C　ある頂点から引ける直線はその頂点を抜いた99本で，隣の頂点に引いた2本は辺になるから，合わせて3本分対角線が引けないから。 C　2でわるのはなんで？ C　ある頂点Aから頂点Bに引いた対角線と，頂点Bから頂点Aに引いた対角線は同じだから，2回数えないようにしないといけないから。 T　どうしてみんなそのやり方を使ったのかな？ C　求めやすいからです。 T　それはどうしてだと思いますか？ C　頂点の数を変えても同じ式で求めることができるからです。	○導入の仕方から考えると，六角形，七角形，八角形と順に確かめようとすることが予想される。きまりを見つけるために子どもがやってみたいと思った頂点の数で自由な解決を促す。 ○頂点の数がいくつでも簡単に解決することができるやり方のよさに気づくことができるように頂点が極端に多い多角形でも解決できるかを問う。 ○式中の－3や÷2などが何を表しているのかを丁寧に説明することを促し，意味理解を図る。また，図と対応させながら説明する子どもを評価する。 ○単に答えの求め方として式を覚えさせるのではなく，問題を解決するためにきまりを用いて式化したことの価値を考えさせる。

○角形の対角線の本数
(○－3)×○÷2
頂点の数がわかれば何角形でもOK！

おいしい味噌汁と同じ味はどれかな？

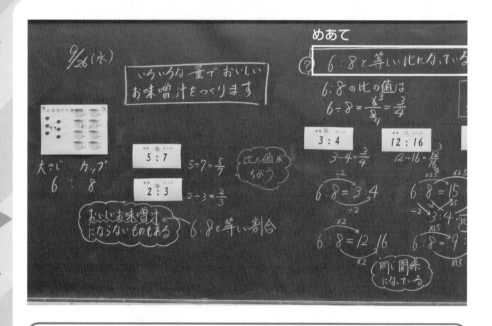

問題　おいしいお味噌汁（6：8）をつくろう。

| 3：4 | 12：16 | 2：3 |
| 5：7 | 15：20 | 9：12 |

- おいしいお味噌汁にならないものもある。
- どうなっていたら，おいしいお味噌汁と言えるのかな？

めあて　6：8と等しい比になっているものはどれか？

6年
比と比の値

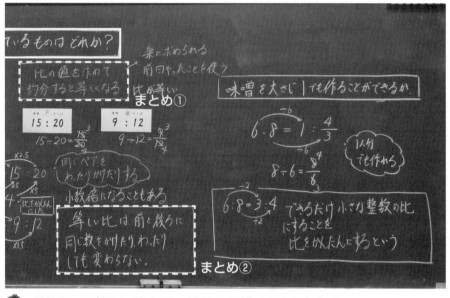

🧑 どうやって等しい比を見つけることができましたか？

> まとめ①　比の値を使って約分して考えた。

🧑 今日の学習で新しくわかったことはありますか？

> まとめ②　等しい比は，前と後ろに同じ数をかけたり，わったりしても変わらない。

めあてづくり

　家庭科でお味噌汁をつくったときのことを思い出させながら，おいしいお味噌汁のつくり方の一例として，お味噌とだし汁の割合を紹介する。

🧒 家庭科でお味噌汁をつくりましたが，調べていると，おいしいお味噌汁の黄金比として，次のようなものが紹介されていました。
🧒 味噌が大さじ6で，だし汁がカップ8になっている。

　おいしいお味噌汁の味噌とだし汁の割合を紹介したところで，「いろいろな量でおいしいお味噌汁をつくってみたいと考えているのだけれど」と言いながら，味噌とだし汁の比の書かれた紙を黒板に貼っていく。
　すると，子どもから「あれっ？」という反応が出てくる。どうしたのか聞くと，「おいしいお味噌汁にならないものがある」という声が返ってくる。そこで，どうなるとおいしいお味噌汁と同じ味と言えるのかを問い返し，「(味噌とだし汁の比が) 6：8と等しい比になっているものはどれか？」をめあてとして展開した。

🧒 おいしいお味噌汁にならないものがある。
🧒 どうなると，おいしいお味噌汁と同じ味と言えるのかな？
🧒 味噌とだし汁の比が6：8になっていればいい。
🧒 この中で，味噌とだし汁が6：8になっているのはどれか探してみよう。

振り返り

まとめにつながる振り返り発問①
　どうやって等しい比を見つけることができましたか？

発想の着眼点に目を向けさせて「数学的な見方・考え方」を顕在化させるための振り返りの発問である。等しい比を見つけるために既習である比の値を利用すればよいことを確認し，さらに「どうして比の値を使おうと思ったの？」と問い直すことで，常に既習に戻って考えるとよいということを押さえていった。

まとめにつながる振り返り発問②
今日の学習で新しくわかったことはありますか？

　本時で新しく獲得した「知識・技能」の振り返りに焦点を当てた発問である。等しい比の関係を見ていくことで，等しい比の性質に気づかせ，等しい比の性質が，等しい比を見つける際にも使えることを押さえていった。

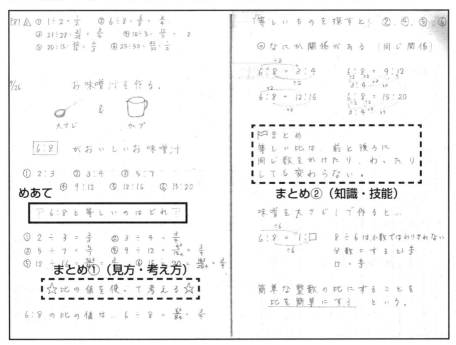

学習展開

子どもの学習活動	教師の指導・支援
問題 いろいろな量でおいしいお味噌汁をつくります。	
T 家庭科の授業でお味噌汁をつくったことはありますね。おいしいお味噌汁について調べていると，おいしいお味噌汁の黄金比として次のようなものが紹介されていました。 C 味噌が大さじ6でだし汁がカップ8になっている。	・おいしいお味噌汁の味噌とだし汁の量をかいた絵を提示し，おいしいお味噌汁の比について確認する。
T そうだね。そこでこれを利用していろいろな量でおいしいお味噌汁をつくりたいと思います。 C あれっ？ おいしいお味噌汁にならないものがある。 T どうなっているとおいしいお味噌汁と同じ味と言えるのかな？ C 味噌とだし汁が6：8になっているといい。 T 6：8と等しい比になっているものはどれか探してみよう。	・黒板にいろいろな味噌とだし汁の量の比を書いた紙を提示する。 ・子どもの問いを焦点化し，本時のめあてとする。
T 6：8と等しい比になっているのはどれかな？ C 3：4と12：16と15：20と9：12。 C どうやって見つけたのかな？ C 比の値を求めて約分したら，等しくなる。	

T　どうして比の値を使おうと思ったのかな？ C　比の値を使うと，計算が楽にわかる。 C　前回，比の値を学習したから。	・どうして比の値を使ったのか問うことで，既習を使っていることを意識させる。
T　等しい比の関係で他に気づくことはあるかな？ C　6：8と3：4は÷2になっている。 T　どういうこと？ C　6÷2が3で，8÷2が4。 C　他でも言えそう。 C　6：8をそれぞれ÷2して，3：4にしてからそれぞれを×5すると，15：20になる。 C　わざわざ÷2をしなくてもそれぞれに×2.5をしているとも言える。 C　等しい比は，前と後ろに同じ数をかけたり，わったりしても変わらない。	・等しい比になっているものを見比べることで等しい比の性質に目を向けさせる。
T　味噌が1の1人分でもおいしいお味噌汁はつくれるのかな？ C　÷6をすればいいから，だし汁を$\frac{4}{3}$にしたらつくれる。	・等しい比の性質を利用して考えられるか，味噌が1の場合を適応題とする。
T　どうやって等しい比を見つけることができましたか？ C　比の値を使って約分して考えた。 T　今日の学習で新しくわかったことはありますか？ C　等しい比は，前と後ろに同じ数をかけたり，わったりしても変わらない。	・今日の学習の中で使った見方・考え方や，新しく獲得した知識・技能について振り返るようにする。

長方形の旗は
どうやって拡大する？

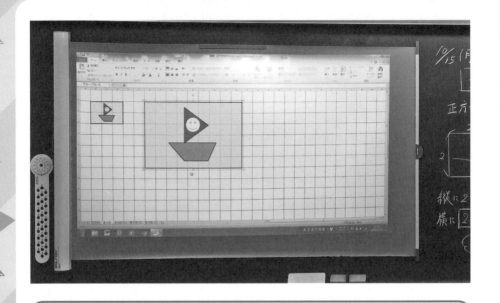

問題　旗の拡大の仕方を考えよう。
　　　縦2マス横3マスの長方形の旗を，縦に2マス大きくします。
　　　横には何マス大きくするといいですか。

　縦に2マス大きくしたから，横にも2マス大きくする。
　それだと，形が変わってしまう気がする。
　横には，2倍して3マス大きくしないといけないんじゃない？

めあて　長方形の旗の横の長さは，どうするといいか？

**6年
拡大図と
縮図**

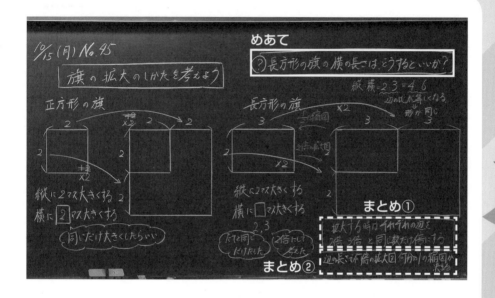

🙂 拡大するときには，辺の長さはどうやって決めるとよかったですか？

> **まとめ①** 拡大するときはそれぞれの辺を２倍，３倍と同じ数だけ倍にする。

🙂 拡大図や縮図の大きさの割合は，どこを見ると決まりますか？

> **まとめ②** 辺の長さで何倍の拡大図，何分の１の縮図か決まる。

めあてづくり

　Excelを利用し，方眼の上に正方形の旗がかかれている絵を見せ，実際に縦や横に図形を伸ばしながら問題を考えていく。

🧒 いろいろな国の国旗を見たことがあると思いますが，正方形の形をした国旗があるのを知っていますか。この正方形の旗を拡大するために，縦に2マス大きくします。横には何マス大きくしたらいいかな？

🧒 横にも2マス大きくしたらいい。

　拡大図・縮図では，それぞれの辺を等しい比になるように拡大・縮小しなければいけないが，正方形は縦と横の長さが等しいため，同じ長さを加えても拡大図の関係になる。正方形から扱い，子どもが勘違いしやすい誤概念をあえて引き出すことで，次の長方形のときに問いが生まれる展開とした。

🧒 日本もそうですが，多くの国では，縦と横の長さが2：3になるような長方形の国旗を使用しています。この長方形の旗を拡大するために，縦に，2マス大きくします。横には何マス大きくしたらいいかな。

🧒 縦に2マス大きくしたから，横にも2マス大きくする。

🧒 それだと，形が変わってしまう気がする。

🧒 横には，2倍して3マス大きくしないといけないんじゃない？

振り返り

> **まとめにつながる振り返り発問①**
> 　拡大するときには，辺の長さはどうやって決めるとよかったですか？

　拡大図にするためには，横に3マス大きくすることがわかった後に，改め

て辺の長さの関係に着目させて振り返るための発問である。加法で考えるのではなく，それぞれの対応する辺の比が等しくなるように倍で考える必要があることに気づかせるとともに，正方形の旗についても振り返ることで，正方形も辺の長さが倍になっていることを押さえ，統合的に考えられるようにしていく。

> **まとめにつながる振り返り発問②**
> 　拡大図や縮図の大きさの割合は，どこを見ると決まりますか？

「知識・技能」の振り返りに焦点を当てた発問である。面積の関係と混同して考える子どもが多いため，対応する辺の長さの関係に着目させる。

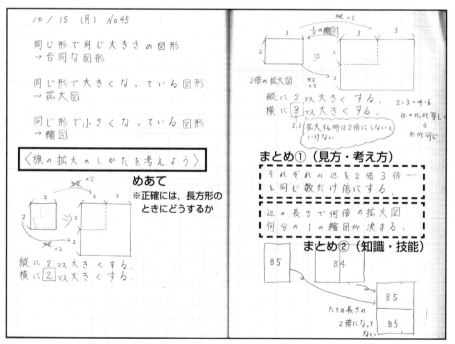

学習展開

子どもの学習活動	教師の指導・支援
問題　旗の拡大の仕方を考えよう。	
T　いろいろな国の国旗を見たことがあると思いますが，正方形の形をした国旗があるのを知っていますか。この正方形の旗を拡大するために，縦に2マス大きくします。横には何マス大きくしたらいいかな？ C　横にも2マス大きくしたらいい。 T　どうして2マスだと思ったのかな？ C　縦と同じだけ大きくしたらいい。 T　実際にやってみよう。 C　ちゃんと拡大図になっている。	・Excelを利用し，実際に方眼に合わせて，大きくする様子を見せて，問題を考えられるようにする。 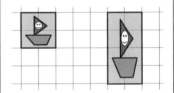
T　日本もそうですが，多くの国では，縦と横の長さが2：3になるような長方形の国旗を使用しています。この長方形の旗を拡大するために，縦に，2マス大きくします。横には何マス大きくしたらいいかな？ C　縦に2マス大きくしたから，横にも2マス大きくする。 C　今度は，2倍して横には3マス大きくしないといけないんじゃない？	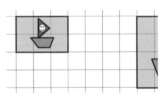 ・正方形の旗で，2マスずつ大きくしたら拡大できることを確認した後に長方形を扱うことで，子どもから問いを引き出す。

C	長方形の旗の横の長さは，どうするといいのかな？	
C	実際に横に2マスしか大きくしなかったら，旗の中の絵が縦長になって，旗の形も変わっている。	
C	最初の長方形の縦と横が2：3で，大きくした縦が4マス分だから，2：3＝4：6で，横は6マスにしないといけないから，3マス必要。	・縦：横が2：3になることから，2倍の3マス大きくした方が拡大図になっていることを説明する。
C	長方形で縦と横の辺の比が等しいと，形が同じと言える。	
T	拡大するときには，辺の長さはどうやって決めるとよかったですか？	
C	拡大するときはそれぞれの辺を2倍，3倍…と同じ数だけ倍にする。	
T	正方形の場合はどうだったかな？	・長方形で見つけた倍の見方が正方形に適応できないか振り返り，統合的に考えられるようにする。
C	正方形は，2マスずつ大きくしたとも言えるけど，縦と横どちらも2倍にしているとも言える。	
T	拡大図や縮図の大きさの割合は，どこを見ると決まりますか？	・縦に大きくする長さを変えながら，適応題として横の長さを考えていく。
C	辺の長さで，何倍の拡大図，何分の一の縮図かが決まる。	

第2章　めあてと振り返りで見る　算数授業のつくり方

暗証番号は何種類？

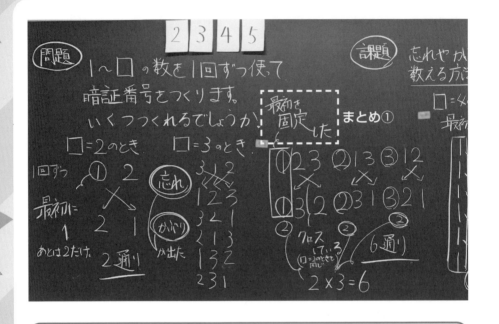

問題　1〜□の数を1回ずつ使って，暗証番号をつくります。いくつつくれるでしょうか。

$$2, 3, 4, 5$$

- 適当に書いていくとよくわからなくなりそうだな。
- 忘れやかぶりが出ると全部の通りを数えられないね。

めあて　忘れやかぶりを出さないように数える方法を考えよう。

6年
並べ方と組み合わせ方

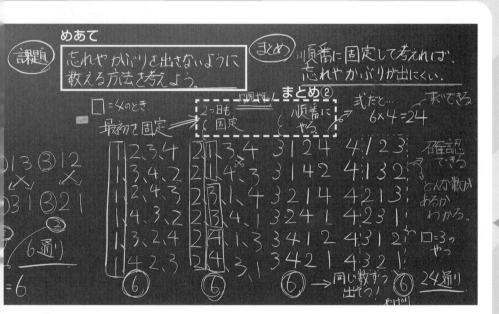

🧑 思いつくままに書いたときと比べて，どんな工夫があったかな？

まとめ①　最初を固定した。

🧑 最初を固定する以外に，どんなことに気をつけて考えたのだろう？

まとめ②　2つ目も固定して，順番にやる。

めあてづくり

問題を提示し，思いつくまま書いていくと，おちや重なりが出やすいことに気づかせる。

🧑 思いつくままに書いていったときの考えを見て気づいたことはありますか？
👧 書き忘れがあるかどうかわかりにくい。
👧 かぶっちゃうことがあった。

全体で□＝3の場合を話し合い，おちや重なり（本時では「忘れ」「かぶり」と言った）に配慮する必要があることに気づけるようにする。思いつくままに書いて考えた場合と固定の考えを生かして考えた場合を比較しながら，固定して考えることで整理できるのではないかという解決の見通しをもたせる。□＝4の場合は，つくれる暗証番号が増えそうなことを予想し，解決の際に気をつけなければならないことを問い，本時のめあてを立てる。また，□＝2，3の場合のときに考えたアイデア（入れ替える，固定する）が□＝4以降のものについて考察する際の手助けとなるようにして，1時間の学習の中で既習を生かすという学びのつながりを感じられるようにしたい。

👧 つくれるものが増えたら，忘れやかぶりが出る可能性が上がっちゃうね。
🧑 どうしたら忘れやかぶりが出にくくなるか，□＝4のときで考えよう。

振り返り

まとめにつながる振り返り発問①
　思いつくままに書いたときと比べて，どんな工夫があったかな？

本時で活用する「数学的な見方・考え方」の振り返りに焦点を当てた発問である。これまでは、ものを数える際、思いつくままに書き上げていったり、なんとなく順番に並べていたりした子どももいた。そこで、固定するというアイデアで、おちや重なりが出にくくなり、見やすく整理できるという見方・考え方に気づかせ、そのよさを実感させていく。

> **まとめにつながる振り返り発問②**
> 　最初を固定する以外に、どんなことに気をつけて考えたのだろう？

　よりよい「数学的な見方・考え方」を発見することに焦点を当てた振り返りの発問である。順に固定していくという考え方を用いると、最初を固定するというアイデアを発展させて、よりよく解決できることに気づかせる。また、話し合いを通して、考えを洗練していくことのよさを味わわせられるようにする。本時では行えなかったが、□＝5を行う際には、固定の考えに合わせて、式化して考えていくことの有用性も感じさせるようにしたい。

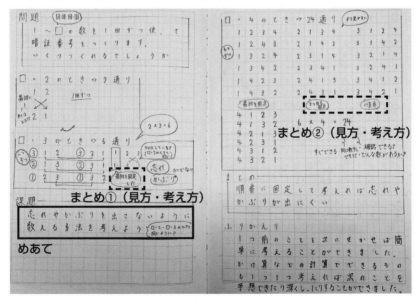

学習展開

子どもの学習活動	教師の指導・支援
問題　1～□の数を1回ずつ使って，暗証番号をつくります。いくつつくれるでしょうか。　　2, 3, 4, 5	
T　□＝2のときどんな暗証番号がつくれる？ C　12と21。 C　最初が1だと次は，2しかないよね。	・2つのものの並べ替えの際は，12と21のように入れ替えるだけで全通りがでることを理解させる。
T　では，□＝3のときはどうだろう？ C　123とかがあるね。 C　他にもたくさんありそう。	・□＝3のときに，□＝2のときの考えを生かしていることに気づかせ，学びのつながりを感じさせるようにする。
T　思いつくままに書いていったときの考えを見て，気づいたことはありますか？ C　書き忘れがあるかどうかわかりにくい。 C　かぶっちゃうことがあった。 T　整理して書いたものはどんな工夫があった？ C　最初を固定していた。 C　□＝4になって，つくれるものが増えたら，忘れやかぶりが出る可能性が上がるね。 T　どうしたら忘れやかぶりが出にくくなるか，□＝4のときで考えてみよう。	・全通り調べる際は，おちや重なりを出さずに考えるのが大切であることに気づかせる。 ・固定して考えるというアイデアを共有させ，解決の見通しをもたせる。 

C	最初を固定したけど，やっているうちにもっといい方法を見つけたよ。（右の板書）	
T	最初を固定する以外に，どんなことに気をつけて考えたのかな？　まわりの友だちと話し合ってみよう。	
C	最初だけじゃなくて2番目も固定している。	・話し合いの時間等を設けて，固定して考えるというアイデアを発展させていることに気づかせられるようにする。
C	最初，2番目と順番に固定している。	
C	順番と言えば，数も小さい順にしてるね。	
C	そういえば，最初が同じ数字のやつは，どれも6通りずつでるのかな？	・式を用いて考える方法について話し合いながら，□＝3のときとの関連性を振り返り，学びのつながりを感じさせる。
C	□＝3のときも2個ずつでて，6通りだね。	
C	2×3とか6×4の式でもできそう。	
C	きまりのようなものがありそうだな。	
T	式で考えるとどんなよさがあるかな？	
C	全部で何個あるかすぐわかる。	
C	式は，書かなくても何通りあるかわかるよ。	
C	でも最初は，同じように書かないとだよね。	
C	あと，どんな数があるかは，わからないよ。	
C	全部書き出すと確認できるところがいいね。	
T	今日の学習から，おちや重なりを出さずに考えるには，どんな方法が有効そうだと言えますか？	・今日のめあてに戻り，どんな工夫がおちや重なりをなくすために有効であったかを振り返り，子どもたち自身がまとめをつくり上げていけるようにする。
C	固定して考える。	
C	最初だけだとうまくいかないことがあったから，順番にやるのがポイント。	

【執筆者一覧】

盛山　隆雄（筑波大学附属小学校）
加固希支男（東京学芸大学附属小金井小学校）
松瀬　　仁（聖心女子学院初等部）
山本　大貴（暁星小学校）
佐藤　憲由（東京都東村山市立南台小学校）
岡田　紘子（お茶の水女子大学附属小学校）
前田　健太（国立学園小学校）
小島　美和（東京都東村山市立久米川小学校）
藤本　　将（東京都八王子市立松木小学校）
正　　拓也（神奈川県横須賀市立明浜小学校）
沖野谷英貞（東京学芸大学附属竹早小学校）
久下谷　明（お茶の水女子大学附属小学校）
青山　尚司（暁星小学校）
黒須　直之（さいたま市立日進小学校）

【編著者紹介】

盛山　隆雄（せいやま　たかお）

1971年鳥取県生まれ。筑波大学附属小学校教諭。
志の算数教育研究会（志算研）代表，全国算数授業研究会理事，日本数学教育学会研究部幹事，教育出版教科書『小学算数』編集委員。
著書に『「数学的な考え方」を育てる授業』（東洋館出版社），『盛山流算数授業のつくり方　8のモデルと24の事例』（光文書院），『数学的な見方・考え方を働かせる算数授業』（明治図書）他多数

【著者紹介】

志の算数教育研究会

（こころざしのさんすうきょういくけんきゅうかい）

2011年発足。
著書に『10の視点で授業が変わる！　算数教科書アレンジ事例30』『11の視点で授業が変わる！　算数教科書アレンジ事例40』（以上東洋館出版社），『子どもをアクティブにするしかけがわかる！　小学校算数「主体的・対話的で深い学び」30』『すぐに使える！　小学校算数　授業のネタ大事典』『子どもがぐんぐんやる気になる！　小学校算数　授業づくりの技事典』（以上明治図書）

めあて&振り返りで見る　算数授業のつくり方

2019年2月初版第1刷刊	Ⓒ編著者	盛　山　隆　雄
	発行者	藤　原　光　政
	発行所	明治図書出版株式会社

http://www.meijitosho.co.jp
（企画）矢口郁雄　（校正）大内奈々子
〒114-0023　東京都北区滝野川7-46-1
振替00160-5-151318　電話03(5907)6701
ご注文窓口　電話03(5907)6668

＊検印省略　　組版所　長　野　印　刷　商　工　株　式　会　社

本書の無断コピーは，著作権・出版権にふれます。ご注意ください。

Printed in Japan　　　　　　ISBN978-4-18-267921-6
もれなくクーポンがもらえる！読者アンケートはこちらから →

子どもをアクティブにするしかけがわかる！

小学校算数「主体的・対話的で深い学び」30

算数の授業で「主体的,対話的で深い学び」(アクティブ・ラーニング)を実現するにはどうすればよいのか。「問題提示」「発問」「指名・発表」「板書」「まとめ」など場面ごとのしかけを明らかにした30の授業例でその問いに応えます。

盛山 隆雄 編著
加固希支男・松瀬 仁・山本大貴
志の算数教育研究会 著

136ページ／B5判／2,200円+税／図書番号：2613

大好評！ 志算研の本

すぐに使える！ 小学校算数 授業のネタ大事典

盛山 隆雄 編著
加固希支男・松瀬 仁・山本大貴
志の算数教育研究会 著

- 10づくり言葉遊び
- 数とりゲーム
- 九九パズル
- 虫食い算
- 対角線クイズ
- 16段目の秘密…などなど

　幅広いバリエーションで，すぐに使える算数授業のネタを80本集めました。子どもがどんどん授業にのめりこむこと間違いなし！

176ページ／A5判／2,160円+税／図書番号：1272

明治図書　携帯・スマートフォンからは **明治図書ONLINE** へ　書籍の検索，注文ができます。▶▶▶

http://www.meijitosho.co.jp　＊併記4桁の図書番号（英数字）でHP，携帯での検索・注文が簡単に行えます。

〒114-0023　東京都北区滝野川7-46-1　ご注文窓口　TEL 03-5907-6668　FAX 050-3156-2790

＊価格は全て本体価格表示です。

新たな算数を生み出す創造力をはぐくむ

数学的な見方・考え方を働かせる算数授業

盛山 隆雄
加固希支男
山本 大貴
松瀬 仁

●事象を数量や図形及びそれらの関係などに着目して捉える（見方）
●根拠を基に筋道を立てて考え，統合的・発展的に考える（考え方）

新しい学習指導要領のポイントの1つでありながら、授業者にとってつかみどころがない存在とも言える「見方・考え方」。その実態を丁寧に紐解くとともに、低・中・高学年の具体的な実践を通して、数学的な見方・考え方を働かせ、豊かにする授業の在り方を探る意欲作。

もくじ

第0章 序論 　盛山隆雄
数学的な見方・考え方への着目
子どもに優しい先生，子どもを感動させる先生になるために

第1章 総論 　加固希支男
数学的な見方・考え方とは何か

第2章 低学年 　山本大貴
子どもが潜在的に持ち合わせる
見方・考え方を引き出し，豊かにする

第3章 中学年 　盛山隆雄
わからない子どもへの手だてが
全員の見方・考え方を豊かにする

第4章 高学年 　松瀬 仁
統合，発展を繰り返し，
より洗練された見方・考え方に高める

160ページ 四六判 1,900円+税
図書番号：2111

明治図書　携帯・スマートフォンからは **明治図書ONLINEへ** 書籍の検索、注文ができます。
http://www.meijitosho.co.jp ＊4桁の図書番号で、HP、携帯での検索・注文が簡単に行えます。
〒114-0023　東京都北区滝野川7-46-1　ご注文窓口　TEL 03-5907-6668　FAX 050-3156-2790

＊価格は本体価格表示です。

子どもがぐんぐんやる気になる！ 授業づくりの技事典 小学校算数

盛山 隆雄 編著
加固希支男・松瀬 仁・山本大貴
志の算数教育研究会 著

子どもの思考を揺さぶる発問の技、「見方・考え方」を豊かにする板書の技、子どものミスコンセプションを生かす技、発展につながる振り返りの技…等々、発問、板書から問題提示、ペア・グループ学習まで、12ジャンル60本のすぐに使える算数授業づくりの技を大公開！

もくじ

第1章 算数授業をつくる「技」を学び使いこなそう！
1 「技」の目的
2 算数授業づくりの12の観点
3 「技」の心を読み取って使う

第2章 今日から使える算数授業づくりの技60
・「意味」を考えさせる発問の技（発問）
・数感覚を豊かにするブロック活用の技（教材・教具）
・「見方・考え方」を豊かにする技（板書）
・比較することで問題解決の意欲を高める技（問題提示）
・苦手な子を授業の流れに乗せる技（練り上げ）
　…ほか12ジャンル60本の授業づくりの技を収録！

136ページ　Ａ５判　2,000円＋税　図書番号：1562

明治図書　携帯・スマートフォンからは　**明治図書ONLINE へ**　書籍の検索、注文ができます。▶▶▶
http://www.meijitosho.co.jp　＊併記4桁の図書番号（英数字）でHP、携帯での検索・注文が簡単に行えます。
〒114-0023　東京都北区滝野川7-46-1　ご注文窓口　TEL 03-5907-6668　FAX 050-3156-2790

＊価格は全て本体価格表示です。